定期テ...

出るナビ

# 中1英語

**Gakken**

# は じ め に

**中**学生のみなさんにとって，年に数回実施される「定期テスト」は，重要な試験ですよね。定期テストの結果は，高校入試にも関係してくるため，多くの人が定期テストで高得点をとることを目指していると思います。

テストでは，さまざまなタイプの問題が出題されますが，その1つに，しっかり覚えて得点につなげるタイプの問題があります。そのようなタイプの問題には，学校の授業の内容から，テストで問われやすい部分と，そうではない部分を整理して頭の中に入れて対策したいところですが，授業を受けながら考えるのは難しいですよね。また，定期テスト前は，多数の教科の勉強をしなければならないので，各教科のテスト勉強の時間は限られてきます。

そこで，短時間で効率的に「テストに出る要点や内容」をつかむために最適な，ポケットサイズの参考書を作りました。この本は，学習内容を整理して理解しながら，覚えるべきポイントを確実に覚えられるように工夫されています。また，付属の赤フィルターがみなさんの暗記と確認をサポートします。

表紙のお守りモチーフには，毎日忙しい中学生のみなさんにお守りのように携えてもらうことで，いつでもどこでも学習をサポートしたい！ という思いを込めています。この本を活用したあなたの努力が成就することを願っています。

出るナビ編集チーム一同

# 出るナビシリーズの特長

### 定期テストに出る要点が
### ギュッとつまったポケット参考書

　項目ごとの見開き構成で，テストに出る要点や内容をしっかりおさえています。コンパクトサイズなので，テスト期間中の限られた時間での学習や，テスト直前の最終チェックまで，いつでもどこでもテスト勉強ができる，頼れる参考書です。

### 見やすい紙面と赤フィルターで
### いつでもどこでも要点チェック

　シンプルですっきりした紙面で，要点がしっかりつかめます。また，最重要の用語やポイントは，赤フィルターで隠せる仕組みになっているので，手軽に要点が身についているかを確認できます。

### こんなときに
### 出るナビが使える！

持ち運んで，好きなタイミングで勉強しよう！　出るナビは，いつでも頼れるあなたの勉強のお守りです！

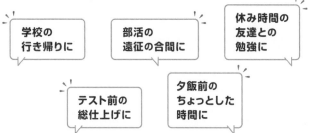

学校の
行き帰りに

部活の
遠征の合間に

休み時間の
友達との
勉強に

テスト前の
総仕上げに

夕飯前の
ちょっとした
時間に

# この本の使い方

**赤フィルターを**
**のせると消える!**

最重要用語や要点は, 赤フィルターで隠して確認できます。確実に覚えられたかを確かめよう!

本文をより理解するためのプラスアルファの解説で, 得点アップをサポートします。

**ミス注意**
テストでまちがえやすい内容を解説。

**くわしく**
本文の内容をより詳しく解説。

**参考**
知っておくと役立つ情報など。

---

2章 be 動詞の文

## 2 I am ～. / You are ～.

「私は～です」「あなたは～です」と言うときの文です。

☐ **1 | I am ～.**

**I am Yuki.**　　私はユキです。

**I'm a student.**　　私は学生です。

- 「私は～です」は, I am ～. の形。
- I は「私は[が]」, am は「～です」の意味。
- I am の短縮形は, I'm[アイム]。
- 「私は～の出身です」と言うときは, 〈I'm from＋地名[国名].〉の形で表す。
- 例)I'm from Japan.　私は日本の出身です。

☐ **2 | You are ～.**

**You are Ms. Brown.**
あなたはブラウン先生です。

- 「あなたは～です」は, You are ～. の形。
- you は「あなたは[が]」, are は「～です」の意味。
- you are の短縮形は, you're[ユア]。

| 主語が I (私は) | ⇒ | am (～です) |
|---|---|---|
| 主語が you (あなたは) | ⇒ | are (～です) |

**ミス注意**　「～です」(be 動詞)は, 主語によって使い分ける。

12

---

## 中1英語の特長

◎ テストに出る文法・要点を簡潔にまとめてあります。

◎ **基本例文**を軸にした, わかりやすい文法解説!

◎ 巻末には, 1年間で学んだ文法のまとめページも!

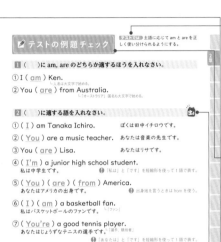

## ✏️ テストの例題チェック

> **テストでは** 主語に応じて am と are を正しく使い分けられるようにする。

**1** （　）に am, are のどちらか適するほうを入れなさい。

① I ( am ) Ken.
└ 人名は大文字で始める。

② You ( are ) from Australia.
└「オーストラリア」国名も大文字で始める。

**2** （　）に適する語を入れなさい。

① ( I ) am Tanaka Ichiro. ぼくは田中イチロウです。

② ( You ) are a music teacher. あなたは音楽の先生です。

③ You ( are ) Lisa. あなたはリサです。

④ ( I'm ) a junior high school student.
私は中学生です。　❶「私は」と「です」を短縮形を使って1語で表す。

⑤ ( You ) ( are ) ( from ) America.
あなたはアメリカの出身です。　❶ 出身地を言うときは from を使う。

⑥ ( I ) ( am ) a basketball fan.
私はバスケットボールのファンです。└「ファン」

⑦ ( You're ) a good tennis player.
あなたはじょうずなテニスの選手です。└「選手，競技者」
❶「あなたは」と「です」を短縮形を使って1語で表す。

**3** 〔　〕の指示にしたがって書きかえなさい。

① I'm Kato Tadashi. 〔下線部を you にかえて〕
→ ( You ) ( are ) Kato Tadashi.
❶「私は〜です」を「あなたは〜です」の文に。

② You are from Singapore. 〔下線部を I にかえて〕
└「シンガポール」
→ ( I'm ) ( from ) Singapore.
❶「あなたは〜の出身です」を「私は〜の出身です」の文に。空所の数に注意。

13

## テスト直前 最終チェック！で テスト直前もバッチリ！

テスト直前の短時間でもパッと見て
要点をおさえられるまとめページもあります。

# もくじ

**が暗記アプリでも使える！**

ページ画像データをダウンロードして，
スマホでも「定期テスト出るナビ」を使ってみよう！

## 暗記アプリ紹介＆ダウンロード 特設サイト

スマホなどで赤フィルター機能が使える便利なアプリを紹介します。下記のURL，または右の二次元コードからサイトにアクセスしよう。自分の気に入ったアプリをダウンロードしてみよう！

**Webサイト** https://gakken-ep.jp/extra/derunavi_appli/

「ダウンロードはこちら」にアクセスすると，上記のサイトで紹介した赤フィルターアプリで使える，この本のページ画像データがダウンロードできます。使用するアプリに合わせて必要なファイル形式のデータをダウンロードしよう。

※データのダウンロードにはGakkenIDへの登録が必要です。

## ページデータダウンロードの手順

① アプリ紹介ページの「ページデータダウンロードはこちら」にアクセス。

② Gakken IDに登録しよう。

③ 登録が完了したら，この本のダウンロードページに進んで，
下記の『書籍識別ID』と『ダウンロード用PASS』を入力しよう。

④ 認証されたら，自分の使用したいファイル形式のデータを選ぼう！

**書籍識別ID** testderu_c1e

**ダウンロード用PASS** S8hZzvUx

**アルファベット**

アルファベットの大文字・小文字の形と，A(a)〜Z(z)の順序です。

## ☑ 1 | 大文字（ブロック体）

# A B C D E F G H I J
# K L M N O P Q R S T
# U V W X Y Z

◎大文字は，**文の最初**や人名・地名などの最初の文字として使われる。それ以外は，ふつう小文字を使う。

例）How are you?（お元気ですか。）/ Hello.（こんにちは。）/
Tom（トム）/ America（アメリカ）

## ☑ 2 | 小文字（ブロック体）

# a b c d e f g h i j
# k l m n o p q r s t
# u v w x y z

**ミス注意** b と d，p と q のマルの向きをまちがえないこと。
大文字の I [アイ]と小文字の l [エル]を区別して覚えること。

# ✎ テストの例題チェック

## 1 アルファベットの順序になるように，(　　)に適する文字を入れなさい。

① A ( B ) ( C ) D E ( F ) G

② H I ( J ) K ( L ) ( M ) N

③ a ( b ) c ( d ) e f ( g )

④ o ( p ) ( q ) r s t ( u )

❗ A と a，G と g などのように大文字と小文字で形が異なるものには特に注意。

## 2 次の大文字を小文字になおしなさい。

① K ( k )　　② T ( t )

③ Y ( y )　　④ Q ( q )

## 3 次の小文字を大文字になおしなさい。

① r ( R )　　② v ( V )

③ u ( U )　　④ e ( E )

# ② I am ～. / You are ～.

「私は～です」「あなたは～です」と言うときの文です。

## ☑ 1 | I am ～.

**I am Yuki.** 私はユキです。

**I'm a student.** 私は学生です。

◎「私は～です」は，<u>I am</u> ～ . の形。

◎ I は「私は[が]」，am は「～です」の意味。
 └ いつも大文字。

◎ I am の短縮形は，<u>I'm</u>[アイム]。

◎「私は～の出身です」と言うときは，〈**I'm from** ＋地名[国名].〉
 └「(出身を表して)～から」
 の形で表す。

例) I'm from Japan. 私は日本の出身です。

## ☑ 2 | You are ～.

**You are Ms. Brown.**

あなたはブラウン先生です。

◎「あなたは～です」は，<u>You are</u> ～ . の形。

◎ you は「あなたは[が]」，are は「～です」の意味。

◎ you are の短縮形は，<u>you're</u>[ユア]。

主語が **I** (私は)　　⇨　　**am** (～です)

主語が **you** (あなたは)　⇨　**are** (～です)

◆**ミス注意**　「～です」(be 動詞)は，主語によって使い分ける。

12

# ✏ テストの例題チェック

## 1 ( )に am, are のどちらか適するほうを入れなさい。

① I ( am ) Ken.
└ 人名は大文字で始める。

② You ( are ) from Australia.
└「オーストラリア」国名も大文字で始める。

## 2 ( )に適する語を入れなさい。

① ( I ) am Tanaka Ichiro.　　　ぼくは田中イチロウです。

② ( You ) are a music teacher.　あなたは音楽の先生です。

③ You ( are ) Lisa.　　　　　　あなたはリサです。

④ ( I'm ) a junior high school student.
私は中学生です。　　　　　　❗「私は」と「です」を短縮形を使って1語で表す。

⑤ ( You ) ( are ) ( from ) America.
あなたはアメリカの出身です。　　　❗ 出身地を言うときは from を使う。

⑥ ( I ) ( am ) a basketball fan.
私はバスケットボールのファンです。└「ファン」

⑦ ( You're ) a good tennis player.
あなたはじょうずなテニスの選手です。└「選手, 競技者」
❗「あなたは」と「です」を短縮形を使って1語で表す。

## 3 [ ]の指示にしたがって書きかえなさい。

① I'm Kato Tadashi.　〔下線部を you にかえて〕
→ ( You ) ( are ) Kato Tadashi.
❗「私は～です」を「あなたは～です」の文に。

② You are from Singapore.　〔下線部を I にかえて〕
└「シンガポール」
→ ( I'm ) ( from ) Singapore.
❗「あなたは～の出身です」を「私は～の出身です」の文に。空所の数に注意。

# ③ Are you ～? / I'm not ～.

「あなたは～ですか」とたずねる文と、「～ではない」と打ち消す文です。

## ☑ 1 │ Are you ～?（疑問文）と答え方

**Are you Kumi?** あなたはクミですか。

**— Yes, I am.** はい、そうです。

**— No, I'm not.** いいえ、ちがいます。

◎「あなたは～ですか」とたずねる文（疑問文）は、are を you の前において、Are you ～? の形。

◎ Are you ～? に答えるときは、

「はい」→ Yes, I am. /「いいえ」→ No, I'm not.
　　　　　　　　　　　　　　　　　　　└ = I am

**◆ミス注意** Are you ～?（あなたは～ですか）と聞かれているので、答えの文では主語は I（私は）に、「～です」は主語に合わせて am になる。

## ☑ 2 │ I'm not ～.（否定文）

# I'm not from Canada.

**私はカナダの出身ではありません。**

◎「～ではありません」と打ち消す文（否定文）は、am, are のあとに not をおく。

◎「私は～ではありません」は、I'm not ～. の形。

◎「あなたは～ではありません」は、You're not ～. または You
　　　　　　　　　　　　　　　　　　　　　└ = You are
aren't ～. の形。
└ = are not

# ✏ テストの例題チェック

## 1 （　）に適する語句を［　］から選びなさい。

① ( Are ) you a student?　　　　[Am / Are]
　あなたは学生ですか。

　― Yes, I ( am ).　　　　　　　[are / am]
　　はい，そうです。

② ( Are you ) from China?　　　[Are you / Am I]
　あなたは中国の出身ですか。

　― No, ( I'm not ).　　　　　　[you aren't / I'm not]
　　いいえ，ちがいます。
　　❶ 問いの文は「あなたは～ですか」なので，答えの文は「私は～」となる。

## 2 ［　］の指示にしたがって書きかえなさい。

① You are a teacher.　〔疑問文に〕
　→ ( Are ) ( you ) a teacher?
　❶「あなたは～ですか」とたずねる文に。

② I'm a baseball fan.　〔否定文に〕
　　　　　　└「ファン」
　→ ( I'm ) ( not ) a baseball fan.
　❶「私は～ではありません」と打ち消す文に。

## 3 （　）に適する語を入れなさい。

① A: ( Are ) you Tom?　　　　　あなたはトムですか。
　 B: ( Yes ), ( I ) am.　　　　　はい，そうです。

② A: ( Are ) you from Tokyo?　　あなたは東京の出身ですか。
　 B: ( No ), ( I'm ) not.　　　　いいえ，ちがいます。
　　 ( I'm ) from Osaka.　　　　 私は大阪の出身です。

③ I'm ( not ) a student.　　　　 私は学生ではありません。

④ You ( aren't ) Mari.　　　　　 あなたはマリではありません。

15

# 4 This is 〜. / That is 〜.

「これは〔この人は，あれは〕〜です」とものや人を説明するときの文です。

## ☑ 1 | This is 〜.

**This is my bag.**　　これは私のバッグです。

**This is Ken.**　　こちらはケンです。

◎ **近くにあるものをさして「これは〜です」と説明するときは，**
This is 〜. の形で表す。is は「〜です」の意味。

◎ This is のあとには，〈a〔an〕/ my など＋名詞〉が続く。
　　　　　　　　　　　　　　　　　└ ものの名を表す語。

**This is a park.**　　これは公園です。
　　　　└ 1つ，2つ，…と数えられる名詞が1つのときにつける。
**This is an orange.**　　これはオレンジです。
　　　　└ あとの語が母音で始まるときは an をつける。
**This is my〔your〕pen.**　これは私の〔あなたの〕ペンです。
　　　　　　└「私の〔あなたの〕」と言うときにつける。

⚠️ **ミス注意**　名詞の前に my, your などがつく場合は，a〔an〕はつけない。

◎〈This is＋人 .〉は，「こちらは〜です」と人を紹介する文。

## ☑ 2 | That is 〜.

**That is your desk.**

あれはあなたの机です。

◎ **離れたところにあるものをさして「あれ〔それ〕は〜です」と説**
明するときは，That is 〜. の形で表す。
　　　　　　　　　　└ 離れたところにあるものをさすとき。
◎ that is の短縮形は **that's**。

## ✎ テストの例題チェック

**テストでは** this や that を使って，もの や人を説明する文が言えるようにする。

**1** （　）に適する語を[　]から選びなさい。

① ( <u>This</u> ) is my country.　　[This / That / I]
　 これは私の国です。
　　　　└「国」

② ( <u>That</u> ) is your notebook.　[This / That / You]
　 あれはあなたのノートです。

③ That ( <u>is</u> ) a hospital.　　　[am / are / is]
　 あれは病院です。
　　　　　└「病院」

**2** （　）に適する語を入れなさい。

① ( <u>This</u> ) ( <u>is</u> ) my mother.　❶ 人を紹介するときの文。
　 こちらは私の母です。

② ( <u>That</u> ) ( <u>is</u> ) our school.　❶ 離れたところにあるものをさす文。
　 あれは私たちの学校です。
　　　　　　　└「私たちの」

③ ( <u>This</u> ) is ( <u>a</u> ) big park.　❶ 名詞(park)の前に形容詞(big)がついた形。
　 これは大きい公園です。
　　　　　　　　　　└「公園」

④ ( <u>That's</u> ) ( <u>an</u> ) apple.　❶ apple は母音で始まる語。「あれは～です」を短縮形で表す。
　 あれはリンゴです。

**3** （　）に am, are, is の中から適するものを入れなさい。

① You ( <u>are</u> ) Bob.　　　　　　あなたはボブです。

② I ( <u>am</u> ) Kenji.　　　　　　　ぼくはケンジです。

③ This ( <u>is</u> ) your room.　　　これはあなたの部屋です。

④ That ( <u>is</u> ) my sister.　　　あちらは私の妹です。
　　　　　　　　　└「姉，妹」

⑤ My name ( <u>is</u> ) Ichiro.　　　私の名前はイチロウです。
　　└「私の名前」　　　　　　　　　❶ 自己紹介をするときの文。

17

# ⑤ This〔That〕is 〜. の疑問文

> 「これは〔あれは〕〜ですか」とたずねる文と，その答え方です。

## ☑ 1 | This〔That〕is 〜. の疑問文

**Is this your pen?** これはあなたのペンですか。

**Is that a school?** あれは学校ですか。

◎「これは〜ですか」とたずねる文は，**is を this の前**において，
  Is this 〜? の形。

◎「あれ〔それ〕は〜ですか」は Is that 〜? の形。

**ミス注意** That'sはThat isの短縮形。That's 〜. の場合も，疑問文は Is that 〜? となる。

## ☑ 2 | 答え方

**Is this your desk?** これはあなたの机ですか。

**— Yes, it is.** はい，そうです。

**— No, it isn't.** いいえ，ちがいます。

◎ Is this〔that〕〜? に答えるときは，「はい」→ Yes, it is. /
  「いいえ」→ No, it isn't. または No, it's not.
    └ is not          └ it is

◎ たずねる文の this, that は，答えの文では **it** でうける。

例) Is that your book? あれはあなたの本ですか。

　　— No, it's not.　It's Ken's book.
　　　　　　　　　　　　└「ケンの」
　　いいえ，ちがいます。（それは）ケンの本です。

**くわしく** 「それは〜です」と説明する文も，it を使ってIt is〔It's〕〜. の形で表す。

## ✏️ テストの例題チェック

テストでは 疑問文の語順，答えの文の主語，短縮形のつづりなどを押さえておく。

### 1 （　）に適する語を入れなさい。

① ( Is ) ( this ) your pencil?　　これはあなたの鉛筆ですか。

② ( Is ) ( that ) a computer?　　あれはコンピューターですか。
   └「コンピューター」

③ Is this your guitar?　　これはあなたのギターですか。
   — Yes, ( it ) ( is ).　　はい，そうです。

   ❶ 問いの文の this は，答えの文では it でうける。

④ Is that your book, too?　　あれもあなたの本ですか。
                    └「〜もまた」
   — No, it ( isn't ).　　いいえ，ちがいます。

   ❶ No の答えには not が必要。ここでは短縮形を使う。

### 2 疑問文に書きかえなさい。

① That's a hotel.　　あれはホテルです。　❶ That's = That is
   └「ホテル」
   → ( Is ) ( that ) a hotel?

② This is your school.　　これはあなたの学校です。
   → ( Is ) ( this ) your school?

### 3 （　）に適する語を入れなさい。

① A: ( Is ) this your bag?　　これはあなたのバッグですか。
   B: Yes, ( it ) ( is ).　　はい，そうです。

② A: ( Is ) that a bus?　　あれはバスですか。
   B: Yes, ( it ) ( is ).　　はい，そうです。

③ A: ( Is ) that a hospital?　　あれは病院ですか。
   B: No, ( it's ) not.　　いいえ，ちがいます。

   ❶ No の答えで not があることから，it is を 1 語にして入れる。

   ( It's ) a school.　　（それは）学校です。

   ❶ No で答えたあとに，「（それは）〜です」と説明を加えている文。

# 6 This(That) is ~. の否定文 / What is ~?

This〔That〕is ~. の否定文と,「これは何ですか」とたずねる文です。

## ☑ 1│This〔That〕is ~. の否定文

## **This** is not **my bag.**

これは私のバッグではありません。

◎「これは〔あれは〕~ではありません」という否定文は, is のあとに not をおいて, This〔That〕is not ~. の形。

◎ is not の短縮形は isn't。

## ☑ 2│What is ~? と答え方

## What is **this?**　これは何ですか。

## ── It's **a bird.**　(それは)鳥です。

◎「これは何ですか」とたずねる文は, **What を文の最初において,**
　　　　　　　　　　　　　　　　　　　└「何」
What is this? の形。

◎「**あれは何ですか**」は, What is that? の形。

------

**Is that** a school **?**　あれは学校ですか。

**What is that?**　　　　　　あれは何ですか。

------

🔷 **ミス注意**　What のあとは is this〔that〕と疑問文の形になる。

◎ what is の短縮形は what's。

◎ 答えるときは It is〔It's〕~. の形。**Yes や No は使わない。**
　　　　　　　　　└「それは~です」

## ✏️ テストの例題チェック

**テストでは** ふつうの疑問文と What で始まる疑問文への答え方のちがいに注意。

### 1 否定文に書きかえなさい。

① This is my dog.　これは私の犬です。

→ ( This ) ( isn't ) my dog.　❶ is not を短縮形を使って1語で表す。

② I'm a student.　私は学生です。

→ I'm ( not ) a student.　❶ am, are, is の否定文は、すべてあとに not をおく。

### 2 (　)に適する語句を[　]から選びなさい。

① ( What ) is this?　　　　　[What / What's]
これは何ですか。

② What ( is that )?　　　　[that is / is that]
あれは何ですか。

③ ( What's ) this?　　　　　[What / What's]
これは何ですか。　　　　　❶ What is を1語で表す。

④ This ( isn't ) your room.　[not / isn't / is]
これはあなたの部屋ではありません。　❶ is not を1語で表す。

### 3 (　)に適する語を入れなさい。

① A: ( Is ) this my pen?　　　これは私のペンですか。
B: No, it ( isn't ).　　　　いいえ、ちがいます。
( It's ) my pen.　　　　（それは）私のペンです。
　　　　　　　　　　　　❶「（それは）〜です」と説明を加えている文。

② A: ( What's ) this?　　　これは何ですか。
B: ( It's ) natto.　　　　（それは）納豆です。

③ A: ( What ) ( is ) that?　あれは何ですか。
B: ( It's ) a park.　　　（それは）公園です。
　　└「公園」

21

# 7 He is ~. / She is ~.

自分（I）や相手（you）以外の人について言うときの文です。

## ☑ 1 | He is ~. / She is ~.

**He is our teacher.**　　彼は私たちの先生です。

**She is my friend.**　　彼女は私の友だちです。

◎ 自分（I）と相手（you）以外の人について言うときは，
　**男性なら he（彼は）**を，**女性なら she（彼女は）**を使う。

◎「彼は～です」は，**He is ~.** の形。

◎「彼女は～です」は，**She is ~.** の形。

◎ he is の短縮形は **he's**，she is の短縮形は **she's**。

## ☑ 2 | 〈主語＋is ~.〉の文

**Ken is my friend.**　　ケンは私の友だちです。

**My name is Mari.**　　私の名前はマリです。

◎ 主語が **I, you 以外で単数**のとき，「～です」は **is** を使う。
　　└3人称単数という。

例）Akira is my classmate.　　アキラは私のクラスメートです。
　　　　　　└「クラスメート，同級生」

　My mother is a teacher.　　私の母は教師です。

　This boy is Jim.　　この少年はジムです。
　　└「この少年」

　My dog is under the bed.　　私の犬はベッドの下にいます。

**くわしく**　am, are, is のあとに場所を表す語句がくると，「～です」の意味ではなく，「～にある〔いる〕」の意味になる。

22

## ✏ テストの例題チェック

**1** （　）に he, she のどちらか適するほうを入れなさい。

① This is Ken. （ He ） is my brother.

② This is Ms. Green. （ She ） is a teacher.
└「〜さん，〜先生」。女性に対する敬称。

③ Mr. Hill is my friend. （ He ） is from America.
└「〜さん，〜先生」。男性に対する敬称。　　　　　└「アメリカの出身」

④ This is my sister. （ She ） is a student.

**2** （　）に適する語を入れなさい。

① This is Miki. （ She's ） a tennis fan.
こちらはミキです。彼女はテニスのファンです。

② This is my brother. （ He's ） a high school student.
こちらは私の兄です。彼は高校生です。　　　　　　└「高校生」

③ （ She ）（ is ） my English teacher.
彼女は私の英語の先生です。　　　└「英語の先生」

④ My father （ is ） a good *shogi* player.
私の父は将棋がじょうずです。　└「将棋がじょうずな人」

⑤ Your bag （ is ） on the desk.
あなたのバッグは机の上にあります。└「机の上に」。場所を表す語句。
❗ 〈am[are, is]＋場所〉で「（場所）にある[いる]」の意味。

**3** （　）に am, are, is の中から適するものを入れなさい。

① You （ are ） my friend.　　　　　あなたは私の友だちです。

② Your mother （ is ） a doctor.　あなたのお母さんは医者です。
　　　　　　　　　　　　　　└「医者」

③ I （ am ） from Okinawa.　　　　私は沖縄の出身です。

④ He （ is ） Tom.　　　　　　　　彼はトムです。

⑤ Her name （ is ） Junko.　　　　彼女の名前はジュンコです。
└「彼女の」

# 8 He（She）is ～. の疑問文

「彼は〔彼女は〕～ですか」とたずねる文と，その答え方です。

## ☑ 1 | He〔She〕is ～. の疑問文と答え方

### Is he your friend? — Yes, he is.

彼はあなたの友だちですか。　　　　はい，そうです。

### Is she from China? — No, she isn't.

彼女は中国の出身ですか。　　　　いいえ，ちがいます。

- ◎「彼は～ですか」とたずねる文は，is を he の前において，Is he ～? の形。
- ◎「彼女は～ですか」は，Is she ～? の形。
- ◎ Is he〔she〕～? に答えるときは，「はい」→ Yes, he〔she〕is. /「いいえ」→ No, he〔she〕isn't. または No, he's〔she's〕not.

## ☑ 2 |〈主語＋ is ～.〉の疑問文

### Is Mike in Japan?　マイクは日本にいますか。
### — Yes, he is.　　　はい，います。

- ◎ 主語が人名や your father などの名詞のときも，疑問文は〈Is＋主語 ～?〉の形になる。
- ◎ 答えの文では，問いの文の主語を he, she でうける。

**ミス注意**　「人」は男性なら he，女性なら she で，「もの」は it でうける。
Is your bag new? — Yes, it is.　（あなたのバッグは新しいですか。—はい，新しいです。）

# ✎ テストの例題チェック

テストでは 疑問文の語順と答えの文の主語に注意して，問答文に慣れておく。

## 1 ( )に適する語を[ ]から選びなさい。

① ( Is ) she Junko? [Is / Am / Are]
　彼女はジュンコですか。

② ( Is ) he your classmate? [Is / Am / Are]
　彼はあなたのクラスメートですか。└「クラスメート，同級生」

③ ( Is ) Takeshi your brother? [Is / Am / Are]
　タケシはあなたのお兄さんですか。└「兄，弟」
　— Yes, ( he ) is. はい，そうです。 [he / she / it]

## 2 疑問文に書きかえなさい。

① He's a soccer fan. 彼はサッカーのファンです。
　└ = He is
　→ ( Is ) ( he ) a soccer fan?

② Your father is a teacher. あなたのお父さんは教師です。
　→ ( Is ) your father a teacher? ❗ 主語は your father。

## 3 ( )に適する語を入れなさい。

① A: ( Is ) he from Canada? 彼はカナダの出身ですか。
　B: Yes, ( he ) ( is ). はい，そうです。

② A: ( Is ) she your friend? 彼女はあなたの友だちですか。
　B: No, ( she's ) not. いいえ，ちがいます。
　　　└ = she is の短縮形。

③ A: ( Is ) your sister a student? あなたの妹さんは学生ですか。
　B: Yes, ( she ) ( is ). はい，そうです。

④ A: ( Is ) this pencil yours? この鉛筆はあなたのですか。
　　　　└「この」　　　└「あなたのもの」
　B: Yes, ( it ) ( is ). はい，そうです。
　　　└ this pencil は答えの文では it でうける。

# 9 He〔She〕is ～. の否定文 / Who is ～?

He〔She〕is ～. の否定文と、「～はだれですか」とたずねる文です。

## ☑ 1｜He〔She〕is ～. の否定文

# He is not from America.

彼はアメリカの出身ではありません。

◎「彼は〔彼女は〕～ではありません」という否定文は、is のあと
に not をおく。is not の短縮形は isn't。

◎主語が 3 人称単数のとき、否定文は〈主語＋is not ～.〉の形。

例)Tom is not from Canada.  トムはカナダの出身ではありません。

My sister isn't a student.  私の姉は学生ではありません。

## ☑ 2｜Who is ～? と答え方

# Who is that boy?  あの少年はだれですか。

# ― He is my brother.  彼は私の兄です。

◎「～はだれですか」とたずねる文は、Who を文の最初において、
Who is ～? の形。
└「だれ」

Is Lisa your sister ?  リサはあなたのお姉さんですか。

だれ？

Who is Lisa?  リサとはだれですか。

◎who is の短縮形は who's。

◎答えるときは He is〔He's〕～. や She is〔She's〕～. などの形。

## ✎ テストの例題チェック

### 1 （　）に適する語を入れなさい。

① A: ( <u>Who's</u> ) this boy?　　この少年はだれですか。

　 B: ( <u>He's</u> ) Ken.　　　　彼はケンです。

② A: ( <u>Who</u> ) ( <u>is</u> ) Aya?　アヤとはだれですか。

　 B: ( <u>She's</u> ) my sister.　彼女は私の妹です。

③ A: ( <u>What</u> ) ( <u>is</u> ) that?　あれは何ですか。

　 B: ( <u>It's</u> ) a hospital.　（それは）病院です。

❶ that をうけるのは it。ここでは短縮形を使う。

### 2 （　）に適する語を[　]から選びなさい。

① ( <u>Who</u> ) is Bill?　　　　[What / Who / Who's]
　ビルとはだれですか。　　　❶「だれ？」とたずねるときの疑問詞。

② ( <u>Who's</u> ) that girl?　[Who / Who's / What's]
　　　└「あの」
　あの少女はだれですか。　　❶ 空所のあとに is がないことに注目。

③ ( <u>What</u> ) is this?　　　[What / Who / What's]
　これは何ですか。　　　　　❶「何？」とたずねるときの疑問詞。

④ ( <u>What's</u> ) that?　　　[What / What's / Who's]
　あれは何ですか。　　　　　❶ 空所のあとに is がないことに注目。

### 3 否定文に書きかえなさい。

① My father is in Japan now.　私の父は今，日本にいます。
　→ My father ( <u>isn't</u> ) in Japan now.
　　　　　　　　　　　　　❶「…は今，〜にいません」の文。

② She's my mother.　　　　彼女は私の母です。
　→ She ( <u>isn't</u> ) my mother.
　　　　　　　　　　　　　❶「彼女は〜ではありません」の文。

27

# テスト直前 最終チェック! ▶▶

## ☑ I am ~ . / You are ~ . の文

❶「私は~です」➡ I am ~ .　（I am の短縮形は I'm。）

❷「あなたは~です」➡ You are ~ .　（you are の短縮形は you're。）

❸「あなたは~ですか」➡ Are you ~ ?

　➡ 答えるときは，am を使って答える。

　　「はい」➡ Yes, I am. /「いいえ」➡ No, I am〔I'm〕not.

❹「~ではありません」

| 主語が I の場合 | I am not ~ . / I'm not ~ . |
| 主語が you の場合 | You are not ~ . / You're not ~ . / You aren't ~ . |

## ☑ This is ~ . / That is ~ . の文

❶「これは~です」➡ This is ~ .

❷「あれは~です」➡ That is ~ .　（that is の短縮形は that's。）

❸「これ〔あれ〕は~ですか」➡ Is this〔that〕 ~ ?

　➡ 答えるときは，it を使って答える。

　　「はい」　➡ Yes, it is.

　　「いいえ」➡ No, it is not. / No, it isn't. / No, it's not.

❹「これ〔あれ〕は~ではありません」

　➡ This〔That〕is not ~ . / This〔That〕isn't ~ .

　➡ That is not ~ . の短縮のしかたには That's not ~ . もある。

28

# ▶▶ be 動詞の文

## ☑ He is ～. / She is ～. の文

① 「**彼は～です**」 ➡ He <u>is</u> ～.（he is の短縮形は <u>he's</u> 。）

② 「**彼女は～です**」 ➡ She <u>is</u> ～.（she is の短縮形は <u>she's</u>。）

　➡ 主語が I, you 以外の単数のとき、「～です」には is を使う。

　　My mother **is** a doctor.　私の母は医師です。

③ 「**彼〔彼女〕は～ですか**」 ➡ <u>Is</u> he〔she〕 ～?

　➡ 答えるときは、he か she を使って答える。

　　「はい」　→ Yes, **he**〔**she**〕 **is.**

　　「いいえ」→ No, **he**〔**she**〕 **is not.** / No, **he**〔**she**〕 **isn't.** /
　　　　　　　　No, **he's**〔**she's**〕 **not.**

④ 「**彼〔彼女〕は～ではありません**」

　➡ He〔She〕 is <u>not</u> ～. / He's〔She's〕 <u>not</u> ～. / He〔She〕 <u>isn't</u> ～.

## ☑ what の文

① 「**これは何ですか**」➡ <u>What</u> is this?（what is の短縮形は <u>what's</u>。）

② 「**あれは何ですか**」➡ <u>What</u> is that?

　➡ 答えるときは、It is〔It's〕 ～. の形で、何であるかを答える。

## ☑ who の文

① 「**～はだれですか**」➡ <u>Who</u> is ～?（who is の短縮形は <u>who's</u>。）

　➡ 答えるときは、He is〔He's〕～. / She is〔She's〕～. などの形で、
　　だれであるかを答える。

# 10 I like 〜.

like（〜を好む），play（〜をする）などの一般動詞を使った文です。

## ☑ 1 | like, play などを使う文

**I like tennis.**　　　私はテニスが好きです。

**You play soccer.**　　あなたはサッカーをします。

◎「私は〜が好きです」は，I like 〜. の形で表す。
　└「〜を〔が〕」にあたる語が入る。
　like は「〜を好む」の意味の一般動詞。

◎「あなたは〜が好きです」なら，You like 〜. となる。

◎「私は〜をします」は，I play 〜. の形で表す。
　└スポーツ名などが入る。
　play は「（スポーツなど）をする」の意味の一般動詞。

◎「あなたは〜をします」なら，You play 〜. となる。

**参考**　〈play the＋楽器名〉なら，「（楽器）を演奏する」の意味。

## ☑ 2 | いろいろな一般動詞

| have | 〜を持っている | know | 〜を知っている |
|------|----------------|------|----------------|
| use | 〜を使う | speak | 〜を話す |
| study | 〜を勉強する | want | 〜がほしい |

**くわしく**　have は「持っている」のほかにも，いろいろな意味で使われる。

**have** breakfast　朝食を食べる / **have** a brother　兄[弟]がいる

**have** a pet　ペットを飼っている
　└「ペット」

## 📝 テストの例題チェック

テストでは 一般動詞の意味を覚えて，いろいろな文を作れるようにする。

### 1 （　　）に適する語を[　　]から選びなさい。

① I ( play ) tennis every day.　[am / play / like]
　私は毎日テニスをします。└「毎日」

② I ( like ) music very much.　[am / play / like]
　私は音楽が大好きです。└「たいへん，とても」

③ You ( play ) the piano well.　[are / play / like]
　あなたはじょうずにピアノをひきます。└「じょうずに」

④ You ( like ) sports.　[are / play / like]
　あなたはスポーツが好きです。

### 2 （　　）に適する語を入れなさい。

① I ( am ) a soccer fan.　私はサッカーのファンです。
❗「私は〜です」の文。

② I ( like ) soccer.　私はサッカーが好きです。
❗「〜です」がいつも be 動詞の文とは限らない。

### 3 （　　）に適する語を入れなさい。

① I ( want ) a racket.　私はラケットがほしいです。
└「ラケット」

② You ( have ) a sister.　あなたには妹が１人います。

③ You ( study ) math hard.　あなたは熱心に数学を勉強します。
└「熱心に」

④ I ( use ) this computer.　私はこのコンピューターを使います。

⑤ I ( speak ) English here.　私はここでは英語を話します。

⑥ You ( know ) Mr. Brown.　あなたはブラウンさんを知っています。

⑦ I ( play ) ( the ) guitar.　私はギターをひきます。
❗「(楽器)を演奏する」というときは，楽器名の前に the をつける。

⑧ I ( come ) to school by bus.　私はバスで学校に来ます。
└「バスで」

31

# 11 I like ～. の疑問文

「あなたは～しますか」とたずねる一般動詞の疑問文と，その答え方です。

☑ **1 | Do you ～?**

## Do you play soccer?

あなたはサッカーをしますか。

◎一般動詞の疑問文は，**主語の前に** **Do** をおく。

◎「あなたは～しますか」は，〈**Do** you＋一般動詞…?〉の形。

| ふつうの文 | You like tennis. | あなたはテニスが好きです。 |
|---|---|---|
| 疑問文 | 主語の前に Do。<br>**Do you like** tennis? | あなたはテニスが好きですか。 |

⚠ **ミス注意**  be 動詞の疑問文と一般動詞の疑問文を混同しないこと。

○ Do you like ～?      × _Are_ you like ～?

☑ **2 | 答え方**

## Do you like music?   あなたは音楽が好きですか。

## — Yes, I do.   はい，好きです。

## — No, I don't.   いいえ，好きではありません。

◎ Do you ～? に答えるときは，

「はい」→ Yes, I <u>do</u>. /「いいえ」→ No, I <u>don't</u>.

◎たずねる文の you (あなたは)は，答えの文では I でうける。

◎do not の短縮形は don't。

## ✎ テストの例題チェック

**1** （　）に適する語句を[　]から選びなさい。

① ( Do ) you like baseball?　　　[Is / Are / Do]
あなたは野球が好きですか。
　— Yes, I ( do ). はい，好きです。　[am / are / do]

② ( Are ) you Ms. Brown?　　　[Is / Are / Do]
あなたはブラウン先生ですか。　❶ be 動詞の疑問文。
　— Yes, I ( am ). はい，そうです。　[am / are / do]

③ ( Do ) you have a bike?　　　[Is / Are / Do]
あなたは自転車を持っていますか。
　— No, I ( do not ).　　　[not / am not / do not]
いいえ，持っていません。

**2** 疑問文に書きかえなさい。

① You know Mr. Abe.　あなたは阿部先生を知っています。
　→ ( Do ) ( you ) know Mr. Abe?

② You want a computer.　あなたはコンピューターをほしがっています。
　→ ( Do ) ( you ) ( want ) a computer?

**3** （　）に適する語を入れなさい。

① A: ( Do ) you ( play ) tennis?　　あなたはテニスをしますか。
　 B: No, ( I ) ( don't ).　　　　いいえ，しません。

② A: ( Do ) you ( speak ) English?　あなたは英語を話しますか。
　 B: Yes, ( I ) ( do ).　　　　　はい，話します。

③ A: ( Do ) ( you ) live in Tokyo?　あなたは東京に住んでいますか。
　　　　　　　　└「～に住む」
　 B: ( No ), I ( don't ).　　　　いいえ，住んでいません。

# 12 I like 〜. の否定文 / What do 〜?

「〜しません」と打ち消す一般動詞の否定文と，what を使う疑問文です。

---

☑ **1 | I don't 〜.**

## I don't like music.

私は音楽は好きではありません。

◎ 一般動詞の否定文は，**動詞の前に don't(do not)をおく。**

◎ 「私は〔あなたは〕〜しません」は，〈I〔You〕**don't**＋一般動詞 …．〉の形。

---

☑ **2 | What do you 〜?**

## What do you have in your hand?

あなたは手に何を持っていますか。

## — I have a ball.  ボールを持っています。

◎「あなたは何を〜しますか」は，**What を文の最初において，**〈**What do** you＋一般動詞 …?〉の形。

◎ 答えるときは，〈I＋一般動詞 …．〉の形。

---

　　　疑問詞 what は文の最初におく

**What do you do after school?** あなたは放課後，何をしますか。
　　└──一般動詞の疑問文の語順になる。

**— I play soccer.** 私はサッカーをします。

---

**ミス注意** What do 〜? の疑問文には，Yes や No で答えない。

## ✎ テストの例題チェック

テストでは What do you ～? に対する答え方や否定文の作り方に注意。

### 1 否定文に書きかえなさい。

① I walk to school.　　私は歩いて学校へ行きます。

→ I ( don't ) ( walk ) to school.　❶ walk to ～で「歩いて～へ行く」の意味。

② You go to the park.　あなたは公園へ行きます。

→ You ( don't ) ( go ) to the park.❶ go to ～で「へ行く」の意味。

### 2 (　)に適する語句を[　]から選びなさい。

① ( Do ) you study on Sundays?　[Do / Are]
あなたは日曜日に勉強しますか。└「日曜日に」

② ( What ) do you like?　[Who / What]
あなたは何が好きですか。

③ You ( do not ) speak Japanese.　[are not / do not]
あなたは日本語を話しません。└日本語

④ I ( don't ) play tennis at school.　[aren't / don't]
私は学校ではテニスをしません。└「学校で」

### 3 (　)に適する語を入れなさい。

① A: ( What ) do you ( want )?　あなたは何がほしいですか。

B: I ( want ) a new bike.　私は新しい自転車がほしいです。

② A: ( What ) ( do ) you usually have for lunch?
あなたはたいてい昼食に何を食べますか。└「昼食に」

B: I ( have[eat] ) pizza.　私はピザを食べます。

③ I ( do ) ( not ) watch TV in the morning.
私は午前中はテレビを見ません。└「朝に、午前中に」

④ ( You ) ( don't ) like swimming.
あなたは水泳が好きではありません。└「水泳」

# 13 名詞の複数形

人やものが2人〔2つ〕以上のときの名詞の形(複数形)と,その作り方です。

## ☑ 1│複数形を使う文

# I have two sisters.

私には姉妹が2人います。

◎ 数えられる**名詞が1つ**のときは**単数形**,**2つ以上**のときは**複数形**を使う。

◎ 複数形は,ふつう単数形の語尾に **s** または **es** をつける。

◎ 複数形は,ふつう two, three などの複数の数を表す語や,**some, any, many, a lot of** などといっしょに使う。

　　　　　└「いくつかの」　└「たくさんの」└「たくさんの」

例)I want some apples.　　　　私はリンゴがいくつかほしい。
　　　　　└複数形。

Do you have any pens?　あなたはペンを何本か持っていますか。
　　　　　　　　└複数形。

You have a lot of books.　あなたは本をたくさん持っています。
　　　　　　　└複数形。

**ミス注意**　ふつうは,some はふつうの文で使い,疑問文や否定文では any を使う。

## ☑ 2│複数形の作り方

| (ルール) | (単数形) | | (複数形) |
|---|---|---|---|
| s をつける | : **cup** (カップ) | ➡ | cups |
| es をつける | : **box** (箱) | ➡ | boxes |
| | └-x, -s, -ch, -sh などで終わる語 | | |
| y を i にかえて es | : **city** (市) | ➡ | cities |
| | └(子音字+y)で終わる語 | | |
| 不規則に変化 | : **child** (子ども) | ➡ | children |
| | └ほかに man (男の人)→ men など | | |

## ✏️ テストの例題チェック

### 1 （　）に適する語を[　　]から選びなさい。

① I need ten ( <u>balls</u> ). 　　　　　[ball / balls]

② You have ( <u>a</u> ) brother, Yuki. 　[a / some]

③ I want many ( <u>books</u> ). 　　　　[book / books]

④ I know ( <u>some</u> ) Korean songs. 　[a / some]
└「韓国(語)の」　└song(歌)の複数形。

⑤ I visit many ( <u>cities</u> ) every month. [city /cities]
└「訪問する」　　　　　└「毎〜」

### 2 （　）に適する語を入れなさい。

① I eat a ( <u>lot</u> ) ( <u>of</u> ) ( <u>oranges</u> ).　❶ a lot of で「たくさんの」の意味。
私はオレンジをたくさん食べます。

② Do you see ( <u>many</u> ) ( <u>buses</u> ), Mike?
たくさんのバスが見えますか，マイク。　❶「バス」= bus

③ We need ( <u>some</u> ) ( <u>dishes</u> ).　❶「何枚か」は「いくつかの〜」ということ。
私たちには皿が何枚か必要です。　　「皿」= dish

④ I have ( <u>four</u> ) ( <u>classes</u> ) today.
私は今日，授業が4時間あります。　❶「授業」= class

⑤ Do you visit ( <u>a</u> ) ( <u>lot</u> ) of ( <u>countries</u> ) every year?
あなたは毎年たくさんの国々を訪問しますか。　❶「国」= country

⑥ We need ( <u>some</u> ) ( <u>boxes</u> ) today.
私たちは今日，箱がいくつか必要です。　❶「箱」= box

⑦ I like ( <u>dogs</u> ) very much.
私は犬が大好きです。　❶ like を使って一般的に「〜が好きです」という場合，数えられる名詞はふつう複数形を使う。

⑧ I don't have ( <u>any</u> ) ( <u>pictures</u> ) now.
私は今，写真を1枚も持っていません。　❶ not 〜 any …で「1つの…も〜ない」の意味。「写真」= picture

# 14 How many ～?

「いくつの～」「何人の～」と数についてたずねる文です。

☑ **1 | 「数」をたずねる文**

## How many books do you have?

あなたは本を何冊持っていますか。

◎「いくつ？」と数をたずねるときは，**how many** を使う。

◎〈How many＋名詞の複数形＋do ～?〉の形で，

「いくつの…を～しますか」の文。

例）How many eggs do you want?

あなたは卵が何個ほしいですか。

How many dogs do you see?

あなたは犬が何匹見えますか。

**ミス注意** How many に続く名詞は必ず複数形。

☑ **2 | 答え方**

## How many sisters do you have?

あなたには姉妹が何人いますか。

## — I have two sisters. 私には姉妹が2人います。

◎How many ～?の疑問文に対しては，**数を答える**。

例）I have two. （私には）2人います。

Two sisters. 姉妹は2人です。

Two. 2人です。

# ✏️ テストの例題チェック

## 1 （ ）に適する語句を[ ]から選びなさい。

① ( **How** ) many caps do you have?　　[How / What]
　あなたは帽子をいくつ持っていますか。

② How ( **many** ) cats do you have?　　[some / many]
　あなたはネコを何匹飼っていますか。

③ How many ( **boys** ) do you see?　　[boy / boys]
　あなたは何人の少年が見えますか。

④ ( **How many** ) pens do you want?　[How / How many]
　あなたはペンが何本ほしいですか。

　— I want ( **three** ) pens.　　[a / some / three]
　　私はペンが3本ほしいです。

## 2 （ ）に適する語を入れなさい。

① A: ( **How** ) many ( **brothers** ) do you have?
　　あなたには兄弟が何人いますか。

　B: I ( **have** ) three ( **brothers** ).　私には兄弟が3人います。

② A: How ( **many** ) pictures ( **do** ) you need?
　　あなたは何枚の写真が必要ですか。

　B: ( **Ten** ).　10枚です。

③ A: ( **How** ) ( **many** ) apples do you usually ( **eat** )?
　　あなたはたいていリンゴをいくつ食べますか。

　B: I usually eat two ( **apples** ).　私はたいていリンゴを2つ食べます。

④ A: ( **How** ) ( **many** ) flowers do you see?
　　あなたは花が何本見えますか。└「花」

　B: ( **About** ) ( **twenty** ) flowers.　20本くらいです。

❗ 「約，およそ」は about を使う。

# 15 We are ～. / They are ～.

we(私たちは)，they(彼らは)など，主語が複数の文です。

## ☑ 1 │ 主語が複数の文

**We are classmates.** 私たちは同級生です。

**They are my friends.** 彼らは私の友だちです。

◎「私たちは～です」は，<u>We are</u> ～. の形。
　└短縮形は We're。
　we は自分をふくむ複数の人を表す。

◎「彼ら〔彼女ら，それら〕は～です」は，<u>They are</u> ～. の形。
　　　　　　　　　　　　　　　　　　　　　　└短縮形は They're。
　they は he, she, it の複数形。

◎主語が**複数**のとき，be 動詞は are を使う。

　例）Tom and I are from America. トムと私はアメリカの出身です。
　　　└A and B の主語も複数を表す。
　　　You are students. あなたがたは生徒です。
　　　└複数

◆◇ **くわしく** このyouは複数を表す。you が単数の主語か複数の主語かは，are のあとの名詞が単数形か複数形かで判断。

## ☑ 2 │ These are ～. / Those are ～. の文

**These are my bags.** これらは私のかばんです。

◎「これらは～です」は，<u>These are</u> ～. の形。
　these は this の複数形で，「これら(は)」の意味。

◎「あれらは～です」は，<u>Those are</u> ～. の形。
　those は that の複数形で，「あれら(は)」の意味。

◆◇ **ミス注意** These〔Those〕are に続く名詞は複数形。

## ✏ テストの例題チェック

テストでは 複数を表すいろいろな主語の形と，be 動詞の形を押さえる。

4章

### 1 （ ）に適する語を[ ]から選びなさい。

① We ( <u>are</u> ) good friends.　　　　[is / am / are]
　私たちは親友です。　　　　❶ good friend(s)で「仲のよい友だち，親友」。

② ( <u>Are</u> ) they English teachers?　[Do / Are / Is]
　彼らは英語の先生ですか。

③ ( <u>These</u> ) are my textbooks.　[This / That / These]
　これらは私の教科書です。└「教科書」

### 2 [ ]の指示にしたがって書きかえなさい。

① I am a soccer fan.　〔主語を「私たちは」にかえて〕
　→ ( <u>We</u> ) ( <u>are</u> ) soccer ( <u>fans</u> ).

② <u>That is my picture.</u>　〔下線部を複数形にかえて〕
　→ ( <u>Those</u> ) ( <u>are</u> ) my ( <u>pictures</u> ).　❶ 主語が複数なら，あとの名詞も複数形。

### 3 （ ）に適する語を入れなさい。

① Emma and I ( <u>are</u> ) good tennis players.
　エマと私はじょうずなテニスの選手です。　❶ and でつないだ主語は複数。

② Tom ( <u>is</u> ) tall, but his brothers ( <u>aren't</u> ) tall.
　└「背が高い」
　トムは背が高いですが，彼の兄弟は背が高くありません。

③ ( <u>They</u> ) ( <u>have</u> ) bread for breakfast.
　彼らは朝食にパンを食べます。　❶ 主語が複数でも一般動詞の形は同じ。
　　　　　　　　　　　　　　　　have は eat でもよい。

④ A: ( <u>Are</u> ) ( <u>you</u> ) junior high school ( <u>students</u> )?
　　あなたがたは中学生ですか。　❶ you が単数か複数かに注意。
　B: Yes, ( <u>we</u> ) ( <u>are</u> ).　　　　はい，そうです。

⑤ A: ( <u>Are</u> ) ( <u>those</u> ) Ken's CDs?　あれらはケンの CD ですか。
　B: No, ( <u>they</u> ) aren't.　　　　いいえ，ちがいます。
　　❶ those は答えの文では they でうける。

# テスト直前 最終チェック！ ▶▶

## ☑ 一般動詞の文

**❶「〜します」** ➡ 〈**主語＋一般動詞 〜.**〉の形。

I **play** tennis.　私はテニスをします。

You **like** cats.　あなたはネコが好きです。

**❷「〜しません」** ➡ 動詞の前に **do not** をおく。短縮形は **don't**。

I **don't** drink coffee.　私はコーヒーを飲みません。

**❸「あなたは〜しますか」** ➡ 主語の前に **Do** をおく。

**Do** you have a bike?　あなたは自転車を持っていますか。

➡ 答えるときは，**do** を使って，Yes / No で答える。

「はい」→ Yes, I **do**. /「いいえ」→ No, I **don't**.

**❹「あなたは何を〜しますか」** ➡ 〈**What** do you＋ 一般動詞〜？〉の形。

**What do** you want?　あなたは何がほしいですか。

➡ 答えるときは，一般動詞を使って，具体的に答える。

I **want** a new bike.　私は新しい自転車がほしいです。

➡「あなたは何をしますか。」のように「する」ことをたずねる ときには一般動詞に **do** を使う。

**What do** you **do** after school?　あなたは放課後何をしますか。

— I **play** tennis.　私はテニスをします。

# ▶ 一般動詞・複数の文

章

## ☑ 複数形

❶ **数えられる名詞が2つ以上のとき** ➡ **複数形にする。**

I have two **books**. 私は本を2冊持っています。

❷ **「いくつ?」とたずねる文** ➡ 〈**How many** ＋複数形〜?〉の形。

**How many eggs** do you want? あなたは卵がいくつほしいのですか。
— I want **two** eggs. 私は卵が2つほしいです。

## ☑ 主語が複数の文

❶ **「私たち〔彼ら〕は〜です」** ➡ be動詞は **are** を使う。

We **are** good friends. 私たちはよい友だちです。

❷ **「これら〔あれら〕は〜です」** ➡ be動詞は **are** を使う。

These **are** my notebooks. これらは私のノートです。

❸ **「〜ではありません」** ➡ are のあとに **not** をおく。

We are **not** 〜. / We're **not** 〜. / We **aren't** 〜.

❹ **「〜ですか」** ➡ 主語の前に **Are** をおく。

➡ 答えるときは, **are** を使って, Yes / No で答える。

「はい」→ Yes, 〜 **are.**
「いいえ」→ No, 〜 **are not.** [No, 〜 **aren't.** / No, 〜**'re not**].

# 16 Use 〜. / Be 〜.

「〜しなさい」「〜してください」と指示したり，提案したりする文です。

## ☑ 1 | Use 〜.（一般動詞の命令文）

**Use this pen.**　　このペンを使いなさい。

**Sit down, please.**　　どうぞすわってください。

◎「〜しなさい」「〜してください」という文（命令文）は，
　**動詞で文を始める。**

◎命令文では，**主語（You）は省略する。**

◎「（どうぞ）〜してください」とていねいにお願いするときは，
　文頭か文末に please をつける。

◎名前などを呼びかける語は，文頭か文末に**コンマ(,)** で区切っ
　てつける。

　例）Mika, come here.　　ミカ，こちらへ来なさい。

　　　Read this book, Nick.　　この本を読みなさい，ニック。

## ☑ 2 | Be 〜.（be 動詞の命令文）

**Be quiet, please.**

静かにしてください。

◎**be 動詞の命令文**は，〈**Be ＋形容詞〔名詞〕〜.**〉の形。

◎Be 〜. は「〜しなさい」「〜でありなさい」などの意味。

　例）Be a good student.　　よい生徒でいなさい。

◎**be は am, is, are の原形**（もとの形）。

# ✏️ テストの例題チェック

テストでは 相手に指示したり，提案したりする文が作れるようにしておく。

## 1 ( )に適する語句を[ ]から選びなさい。

① ( Play ) baseball in the park.　[I play / Play]
公園で野球をしなさい。

② ( Look ) at this picture.　[Look / We look]
この絵を見なさい。

③ Close your book, ( please ).　[too / please]
└「閉じる」
本を閉じてください。

④ ( Be ) a good boy.　[Are / Am / Be]
いい子にしていなさい。　❗ be 動詞の命令文。

## 2 命令文に書きかえなさい。

① You speak English here.　あなたはここでは英語を話します。
→ ( Speak ) ( English ) here.

② You're kind to everyone.　あなたはみんなに親切です。
└「みんな」
→ ( Be ) ( kind ) to everyone.
❗ be kind to 〜で「〜に親切である」の意味。

## 3 ( )に適する語を入れなさい。

① ( Study ) hard.　熱心に勉強しなさい。
└「熱心に」

② Ken, ( use ) this umbrella.　ケン，このかさを使って。
└「かさ」　❗ この Ken は呼びかけの語。

③ Stand up, ( please ).　立ってください。
└「立ち上がる」

④ ( Be ) careful, Yuki.　注意しなさい，ユキ。
└「注意深い」

⑤ ( Help ) me, ( please ).　私を手伝ってください。

⑥ ( Please ) ( open ) the window.　窓を開けてください。

⑦ Mike, ( be ) quiet.　マイク，静かにしなさい。

# 17 Don't ～. / Let's ～.

「～してはいけません」と禁止する文や、「～しましょう」と誘う文です。

## ☑ 1 | Don't ～.（否定の命令文）

### Don't play soccer here.

ここでサッカーをしてはいけません。

◎「～してはいけません」「～しないでください」という文（否定の命令文）は、動詞の前に **Don't** をおく。

◎〈**Don't**＋動詞 ～.〉の形で、禁止する文。

| 命令文 | Speak Japanese. | 日本語を話しなさい。 |
|---|---|---|
| 否定の命令文 | Don't speak Japanese. | 日本語を話してはいけません。 |

動詞の前に Don't.
↑動詞

◎ていねいに言うときは、文頭か文末に **please** をつける。

◎be 動詞の場合は、**Don't be** ～. となる。

## ☑ 2 | Let's ～.

### Let's go to the park.

公園へ行きましょう。

◎「～しましょう」と言うときは、文の最初に **Let's** をおく。

◎誘う文は、〈**Let's**＋動詞 ～.〉の形。

◎Let's ～. には、All right.（いいですよ。）、OK.（いいよ。）などと応じる。

# ✏️ テストの例題チェック

## 1 ( )に適する語を[ ]から選びなさい。

① ( Don't ) run here.　　　　[Not / Aren't / Don't]
ここで走ってはいけません。

② ( Let's ) have breakfast.　　[You / Let's / Don't]
朝食を食べましょう。

③ Don't ( be ) late for school.　[be / are / is]
学校に遅れてはいけません。└「学校に遅れて」

④ Let's ( play ) baseball.　　[playing / play / plays]
野球をしましょう。

## 2 [ ]の指示にしたがって書きかえなさい。

① Study English.　[「～しましょう」と誘う文に]
→ ( Let's ) ( study ) English.

② Use this pen.　[「～しないで」と禁止する文に]
→ ( Don't ) ( use ) this pen.

## 3 ( )に適する語を入れなさい。

① ( Don't ) run here.　　　　　　　ここで走ってはいけません。

② Let's ( go ) swimming.　　　　　泳ぎに行きましょう。

③ A: ( Let's ) play tennis.　　　　　テニスをしましょう。
　 B: All ( right ).　　　　　　　　　いいですよ。

④ A: ( Let's ) ( watch ) TV.　　　　テレビを見ましょう。
　 B: OK.　　　　　　　　　　　　　いいよ。

⑤ ( Don't ) ( open ) the door.　　　ドアを開けてはいけません。

⑥ ( Don't ) come here, ( please ).　ここへ来ないでください。

# 18 He likes 〜.

主語が3人称単数のときの，一般動詞の文(現在)です。

## ☑ 1 | He likes 〜./She has 〜. など

## Tom likes cats very much.

トムはネコが大好きです。

## Lisa has two sisters.

リサには2人の姉妹がいます。

◎主語が**3人称単数**で現在の文のとき，一般動詞にはふつう**語尾にs または es をつける**(3人称単数現在形)。

◎have は主語が3人称単数のときは，has の形になる。

**◇◆ くわしく** 3人称単数とは，I と you 以外のすべての単数のことをさす。

| 主語が I, you や複数のとき | I play the piano. | 私はピアノをひきます。 |
|---|---|---|
| 主語が3人称単数のとき | She plays the piano. | 彼女はピアノをひきます。 |

↓ 語尾に s がつく。

## ☑ 2 | 3人称単数現在形の作り方

| (ルール) | (原形〈もとの形〉) | (3人称単数現在形) |
|---|---|---|
| s をつける | : **like** (好む) | ➡ likes |
| es をつける | : **go** (行く) | ➡ goes |
| y を i にかえて es | : **study** (勉強する) | ➡ studies |

-o, -x, -s, -ch, -sh で終わる語

〈子音字＋y〉で終わる語

## ✍ テストの例題チェック

### 1 （　）に適する語を[　]から選びなさい。

① Mike ( lives ) in Canada.　　[lives / live]
マイクはカナダに住んでいます。

② They ( play ) tennis here.　　[play / plays]
彼らはここでテニスをします。　❶ they は複数の主語。

③ My father ( speaks ) English.　[speaks / speak]
私の父は英語を話します。

④ Kumi ( sings ) well.　　　[sing / sings]
クミはじょうずに歌います。

### 2 [　]の指示にしたがって書きかえなさい。

① You teach English.　〔下線部を my mother にかえて〕
　└「教える」
　→ My mother ( teaches ) English.　❶ 語尾に注意。

② I have a lot of books.　〔下線部を she にかえて〕
　└「たくさんの」
　→ She ( has ) a lot of books.　❶ have は不規則に変化する。

### 3 （　）に適する語を入れなさい。

① Lisa ( runs ) every day.　　リサは毎日走ります。

② He ( studies ) math hard.　　彼は数学を熱心に勉強します。
　　　　└「数学」

③ Ms. Green ( has ) a dog.　　グリーン先生は犬を飼っています。

④ She ( goes ) to school by bus.　彼女はバスで学校に行きます。

⑤ Tom ( helps ) his mother every day.
トムは母親を毎日手伝います。

⑥ Ken's sister ( loves ) chocolate.
ケンのお姉さんはチョコレートが大好きです。└「チョコレート」

6章

# 19 He likes 〜. の疑問文 / 否定文

主語が3人称単数のときの，一般動詞(現在)の疑問文と否定文です。

## ☑ 1 │ Does he 〜? と答え方

### Does Tom speak Japanese?

トムは日本語を話しますか。

### — Yes, he does.　　はい，話します。
### — No, he doesn't.　いいえ，話しません。

◎ 主語が**3人称単数**のとき，一般動詞の現在の疑問文は，**主語の前に Does** をおく。

◎〈Does＋主語＋動詞の原形 〜?〉の形。
　　　　　　　　　　　　　　　└s, es のつかないもとの形。

**ミス注意** Does のあとの動詞は必ず原形にする。

◎ Does 〜? に答えるときは，

　「はい」→ Yes, 〜 does. /「いいえ」→ No, 〜 doesn't.

◎ doesn't は does not の短縮形。

## ☑ 2 │ He doesn't 〜.

### Tom doesn't play basketball.

トムはバスケットボールをしません。

◎ 主語が**3人称単数**で現在の文のとき，一般動詞の否定文は，動詞の原形の前に doesn't(does not)をおく。

◎ 否定文は〈主語＋doesn't＋動詞の原形 〜.〉の形。

**ミス注意** doesn't のあとの動詞は必ず原形にする。

## ✎ テストの例題チェック

### 1 ( )に適する語を[ ]から選びなさい。

① ( Do ) they often come here?　　　　　[Do / Does]
彼らはよくここへ来ますか。
❗ 主語は they で複数。

② ( Does ) your sister get up early?　　[Do / Does]
あなたのお姉さんは早く起きますか。
└「早く」
❗ get up で「起きる」。

— Yes, she ( does ).　はい、起きます。　[do / does]

③ He ( doesn't ) like sports.　　　　　[don't / doesn't]
彼はスポーツが好きではありません。

### 2 [ ]の指示にしたがって書きかえなさい。

① Kumi has a bike. 〔疑問文に〕
→ ( Does ) Kumi ( have ) a bike?　　❗ has の原形に注意。

② Mr. Brown writes some letters. 〔否定文に〕
└「書く」　　　└「手紙」
→ Mr. Brown ( doesn't ) ( write ) any letters.
❗ 疑問文・否定文では、動詞は原形を使う。

### 3 ( )に適する語を入れなさい。

① A: ( Does ) she ( help ) you?　彼女はあなたを手伝いますか。
B: Yes, she ( does ).　　　　　はい、手伝います。

② A: ( Does ) your father ( cook )?
あなたのお父さんは料理をしますか。
B: No, ( he ) ( doesn't ).　　いいえ、しません。

③ The boy ( doesn't ) ( study ) at all.
その少年はまったく勉強しません。
❗ not 〜 at all で「まったく〜ない」。

④ ( What ) ( does ) the man ( do )?
その男性は何をしていますか。
❗ 職業をたずねる文。

# テスト直前 最終チェック！ ▶

## ☑ 命令文

❶「〜しなさい」 ➡ 主語(You)を省略して，動詞で文をはじめる。

| | |
|---|---|
| **Come** here. | ここに来なさい。 |
| **Go** down this street. | この通りに沿って行ってください。 |
| **Be** quiet. | 静かにしなさい。 |

➡ be 動詞の命令文は原形の be を使って，**Be** 〜. とする。

❷「〜してはいけません」 ➡ **Don't** を動詞の原形の前におく。

| | |
|---|---|
| **Don't** run here. | ここでは走ってはいけません。 |
| **Don't** be late. | 遅れてはいけません。 |

❸「(どうぞ)〜してください」 ➡ 文頭か文末に **please** をおく。

| | |
|---|---|
| **Please** open the door. | どうぞドアを開けてください。 |
| Don't go, **please**. | どうか行かないでください。 |

❹「〜しましょう」 ➡ **Let's** を動詞の原形の前におく。

| | |
|---|---|
| **Let's** dance. | 踊りましょう。 |
| — All right. / OK. | いいですよ。 |

## ☑ 3人称単数現在形の文

### ❶主語が 3 人称単数のとき

➡ 一般動詞の現在形は，語尾に **s** または **es** をつける。

# 命令文・3 人称単数現在形

| 主語が I | I **live** in Nagoya. | 私は名古屋に住んでいます。 |
| 主語が 3 人称単数 | He **lives** in Kyoto. | 彼は京都に住んでいます。 |

## ❷ 3 人称単数現在形の作り方

| s をつける | like(好きだ) | **likes** |
| es をつける | go(行く) | **goes** |
| y を i にかえて es | study(勉強する) | **studies** |
| 不規則変化 | have(持っている) | **has** |

❸「～しません」➡ 動詞の前に **does not** をおく。

➡ does not の短縮形は **doesn't**。

She **doesn't** speak Japanese.　彼女は日本語を話しません。

❹「～しますか」➡ 主語の前に **Does** をおく。

**Does** he play the piano?　彼はピアノをひきますか。

➡ 答えるときは, **does** を使って Yes / No で答える。

「はい」→ Yes, ～ **does**. /「いいえ」→ No, ～ **doesn't**.

❺「…は何を～しますか」➡ **What** を文の最初におく。

**What does** she like?　彼女は何が好きですか。

➡ 答えるときは, 一般動詞の 3 人称単数現在形を使う。

She **likes** reading.　彼女は読書が好きです。

# 20 What time ～?

「何時ですか」や「何時に～しますか」と「時刻」をたずねる文です。

## ☑ 1 | What time is it?

**What time is it?**　　　何時ですか。

**— It's seven (o'clock).**　7時です。

◎ **時刻**をたずねるときは，**what time** を使う。

◎「何時ですか。」は，**What time** is it? の形。時刻を表す文では，**it を主語**にする。
　└ 形式的な主語で，「それは」の意味はない。

◎ 答え方は，〈It's＋**時**（＋o'clock）.〉や〈It's＋**時**＋**分**.〉の形。
　　　　　　　└ = It is
　例）It's ten (o'clock).　10時です。
　　　It's ten twenty.　　10時20分です。

**ミス注意**　o'clock はちょうどの時刻のときだけに使い，「～時…分」というときには使わない。

**参考**　時刻を伝えるときは，It's 10:20. のように書いてもよい。

## ☑ 2 | What time do[does] ～?

**What time do you get up?**

あなたは何時に起きますか。

**— I get up at six.**　私は6時に起きます。

◎「何時に～しますか」は，**What time** do[does] ～? の形。

◎「…**時に**（～します）」と答えるときは，〈**at＋時刻**〉で表す。

**参考**　What time のあとには疑問文の形が続く。

**1** 次の時刻を表すように，(　　　)に適する語を入れなさい。

① 11:00 → It's ( <u>eleven</u> ) ( <u>o'clock</u> ).
　　　　　　　　　　　　　　　└省略することができる。

② 8:30 → It's ( <u>eight</u> ) ( <u>thirty</u> ).

③ 2:25 → It's ( <u>two</u> ) ( <u>twenty-five</u> ).

**2** (　　　)に適する語を入れなさい。

① ( <u>What</u> ) time is ( <u>it</u> ) in New York?
　ニューヨークでは何時ですか。└時刻を表す文で形式的に使われる主語。

② ( <u>What</u> ) ( <u>time</u> ) do you go to bed?
　あなたは何時に寝ますか。　　　　　└「寝る」

③ ( <u>What</u> ) time ( <u>does</u> ) your sister leave home?
　あなたの妹さんは何時に家を出ますか。└「～を出発する，～を去る」

④ ( <u>It's</u> ) nine in the morning.　　　❶ 「午後〔夕方〕の」は
　午前9時です。　　　　　　　　　　　in the afternoon〔evening〕。

⑤ My father gets home ( <u>at</u> ) eight.
　私の父は8時に帰宅します。└「帰宅する」

**3** (　　　)に適する語を入れなさい。

① A: ( <u>What</u> ) ( <u>time</u> ) is it now?　　今，何時ですか。
　　　　　　　　　　　　└「今」　　　　　　　　　
　 B: ( <u>It's</u> ) three.　　　　　　　　3時です。

② A: ( <u>What</u> ) ( <u>time</u> ) do you get to school?
　　あなたは何時に学校に着きますか。　　└「学校に着く」

　 B: I get to school ( <u>at</u> ) ( <u>eight</u> ) ( <u>twenty</u> ).
　　私は8時20分に学校に着きます。　　❶ At eight twenty. のように
　　　　　　　　　　　　　　　　　　　短く答えることもある。

# 21 What day ～? など

曜日をたずねたり，日付をたずねたりする文です。

## ☑ 1 | 曜日をたずねる文

**What day** is it today?　　今日は何曜日ですか。
**— It's** Friday.　　　　　金曜日です。

◎ 曜日をたずねるときは，what day を使う。
◎「今日は何曜日ですか。」は，What day is it today? の形。
　時を表す文では，it を主語にする。
◎ 答えるときは，〈It's[It is]＋曜日名.〉の形。

## ☑ 2 | 日付をたずねる文

**What's the date** today?　今日は何月何日ですか。
**— (It's)** August 6.　　　 8月6日です。
　　　　　└ (the) sixth と読む。

◎ 日付をたずねるときは，what's the date を使う。
◎「今日は何月何日ですか。」は，What's the date today? の形。
◎ 答え方は，〈It's[It is]＋月＋日 .〉の形。
　　　　　　　　　└ 省略することもできる。

◆ 参考　　時刻・曜日・季節・天候などを表す文では it を主語にする。

〈曜日〉　It is Monday today.　　今日は月曜日です。
〈季節〉　It is summer now.　　　今は夏です。
〈天候〉　It is sunny[fine] today.　今日は晴れです。

## ✏️ テストの例題チェック

### 1 ( )に適する語を[ ]から選びなさい。

① What ( day ) is it today?　　[day / date / time]
　今日は何曜日ですか。

② What's the ( date ) today?　　[day / date / time]
　今日は何月何日ですか。

### 2 ( )に適する語を入れなさい。

① ( What's ) the ( date ) today?　　今日は何月何日ですか。

② ( What ) ( day ) is it today?　　今日は何曜日ですか。

③ ( It's ) Sunday today.　　今日は日曜日です。

④ ( It's ) cloudy today.　　今日はくもりです。
　└「くもった」

⑤ ( It's ) ten o'clock now.　　今，10時です。

⑥ ( It ) ( is ) winter in Australia now.　　オーストラリアは今，冬です。
オーストラリアは今，冬です。❗ 曜日，天候，時刻，季節を表す文の主語には it を使う。

### 3 ( )に適する語を入れなさい。

① A: What ( day ) is it today?　　今日は何曜日ですか。
　B: It's ( Thursday ).　　木曜日です。

② A: What's the ( date ) today?　　今日は何月何日ですか。
　B: ( September ) 23.　　9月23日です。
　　└ (the) twenty-third と読む。

③ A: What ( time ) is it now?　　今，何時ですか。
　B: It's ( eight ) ( thirty ).　　8時30分です。

④ A: What ( time ) do you get up?　　あなたは何時に起きますか。
　B: I get up ( at ) ( six ).　　私は6時に起きます。

## 22 Where ～?

「どこで～しますか」などのように、「場所」をたずねる文です。

### ☑ 1 | Where do[does] ～?

**Where do you live?**　あなたはどこに住んでいますか。

**— I live in Nara.**　奈良に住んでいます。

◎ **場所**をたずねるときは、where を使う。

◎ 「どこに[で]～しますか」は、〈Where+do[does]+主語+動詞の原形 ～?〉の形。

◎ 答えるときは**場所を表す語句**を使う。

### ☑ 2 | Where is[are] ～?

**Where is my bag?**

私のバッグはどこですか。

◎ 「～はどこですか」は、〈Where+be 動詞+主語 ?〉の形。

◎ where is の短縮形は **where's**。

◎ 答えるときは、It's on the desk. のように、**場所**を答える。
（机の上にあります。）

**くわしく** この文の be 動詞は「～にある[いる]」の意味。

**場所を表す語句**

here / at school / at home / in Tokyo / in the park
（ここに）　（学校で）　（家で）　（東京に）　（公園の中に）

there / on[under] the desk / by the door / over there
（そこに）　（机の上[下]に）　（ドアのそばに）　（向こうに）

**1** ( )に適する語を[ ]から選びなさい。

① ( **Where** ) do you play tennis?　[Who / Where]
あなたはどこでテニスをしますか。

② ( **Where** ) is your school?　[Where / What]
あなたの学校はどこにありますか。

**2** ( )に適する語を入れなさい。

① I live ( **in** ) Sendai.　私は仙台に住んでいます。

② The cat is ( **under** ) the bed.　ネコはベッドの下にいます。

③ We practice judo ( **at** ) ( **school** ).
└「練習する」
私たちは学校で柔道を練習します。　❶「学校で」を2語で表す。

④ My mother is ( **over** ) ( **there** ).
私の母は向こうにいます。　❶「向こうに」を2語で表す。

**3** ( )に適する語を入れなさい。　

① A: ( **Where** ) ( **is** ) Ken?　ケンはどこにいますか。
　 B: He's ( **in** ) his room.　彼は自分の部屋にいます。

② A: ( **Where's** ) my book?　私の本はどこですか。❶短縮形を使う。
　 B: It's ( **on** ) the desk.　机の上にあります。

③ A: ( **Where** ) ( **does** ) he live?
彼はどこに住んでいますか。
　 B: He lives ( **in** ) Sapporo.　彼は札幌に住んでいます。

④ A: ( **Where** ) ( **do** ) they eat lunch?
彼らはどこで昼食を食べますか。
　 B: ( **In** ) the park.　公園でです。
└〈主語＋動詞〉が省略されている。

59

# 23 When 〜?

「いつ〜しますか」などのように、「時」をたずねる文です。

## ☑ 1 | When do[does] 〜?

## When do you play tennis?

あなたはいつテニスをしますか。

◎ **時**をたずねるときは、**when** を使う。

◎「いつ〜しますか」は、〈When + do[does]＋主語＋動詞の原形 〜?〉の形。

◎ 答えるときは、On Sunday. のように、**時を表す語句**を使う。

---

**時を表す語句**

on Monday / on June 3 / in August / in summer
（月曜日に）　（6月3日に）　（8月に）　　（夏に）

in the morning[afternoon, evening]　（午前[午後、夕方]に）

before[after] dinner　（夕食前[後]に）

---

**ミス注意**　「〜月に」は〈in＋月〉だが、「〜月…日に」は on を使う。また、特定の日の「午前[午後、夕方]に」は in ではなく on を使う。　例）on the morning of July 7（7月7日の午前に）

## ☑ 2 | When is 〜?

## When is your birthday?

あなたの誕生日はいつですか。

◎「〜はいつですか」は、When is[When's] 〜? の形。

◎ 答えるときは、(It's) February 10. のように、**時**を答える。
（2月10日です。）

## ✎ テストの例題チェック

テストでは 「時」をたずねる文の形を覚え、それに答えられるようにする。

### 1 （　）に適する語を[　]から選びなさい。

① ( When ) do you play soccer?　[Where / When]
あなたはいつサッカーをしますか。

② ( When ) is our soccer game?　[When / What]
私たちのサッカーの試合はいつですか。

### 2 （　）に適する語を入れなさい。

① I swim ( in ) summer.　私は夏に泳ぎます。

② We practice judo ( after ) ( school ). ❗「放課後に」を2語で表す。
私たちは放課後、柔道を練習します。

③ I study ( on ) Sunday morning.
私は日曜日の朝に勉強します。　　　　❗ in the morning (午前に) と区別する。

④ I do my homework ( before ) ( dinner ).
└「宿題をする」
私は夕食前に宿題をします。　　　❗「夕食前に」を2語で表す。

### 3 （　）に適する語を入れなさい。

① A: ( When ) do you go to *juku*?　あなたはいつ塾に行きますか。
B: ( On ) Saturday and Sunday.　土曜日と日曜日です。

② A: ( When ) is her birthday?　彼女の誕生日はいつですか。
B: ( It's ) September 9.　9月9日です。

③ A: ( When ) does she study?　彼女はいつ勉強しますか。
B: ( After ) dinner.　夕食後です。

④ A: ( When ) is he free?　彼はいつひまですか。
└「ひまな」
B: He's free ( on ) Friday.　彼は金曜日がひまです。

# 24 How 〜?

「どうやって」「どのくらい」などのように、「方法・程度・状態」をたずねる文です。

## ☑ 1 | How do[does] 〜?

# How **do you get to school?**

あなたはどうやって学校へ行きますか。

## — I **walk to school.**   私は歩いて学校へ行きます。

- ◎**方法・手段**をたずねるときは、how を使う。
- ◎「どうやって[どのように]〜しますか」は、How do[does] 〜? の形。
- ◎交通手段を答えるときは、〈**by＋乗り物**〉の形。
  例)by bike(自転車で)、by car(車で)、by bus(バスで)

## ☑ 2 | How long 〜? など

# How long **is that bridge?**

あの橋はどのくらいの長さですか。

◆◇ **くわしく**   How long 〜?には、時間やものの長さを答える。

| 時間・ものの長さ | How long 〜? | どのくらいの長さか |
|---|---|---|
| 年齢・古さ | How old 〜? | 何歳か、どのくらいの古さか |
| 身長・高さ | How tall 〜? | 身長・高さはどのくらいか |
| 値段・量 | How much 〜? | いくらか、どのくらいの多さか |
| 提案 | How about 〜? | 〜はどうですか |

テストでは How を使ったいろいろな疑問文の意味とその答え方を押さえるようにする。

**1** ( )に適する語を[ ]から選びなさい。

① ( How ) do you study English?　[What / How]
あなたはどのように英語を勉強しますか。

② How ( long ) do you study?　[many / long]
あなたはどのくらいの時間勉強しますか。

③ ( How ) old is your uncle?　[What / How]
あなたのおじさんは何歳ですか。

**2** ( )に適する語を入れなさい。

7章

① A: ( How ) do you say "haru" in English?
「春」を英語でどう言いますか。　❗「どのように」とたずねる文。

　B: We say "spring."　"spring" と言います。

② A: ( How ) ( long ) do you play the piano?
あなたはどのくらいの時間ピアノをひきますか。　❗ 時間の長さをたずねる文。

　B: For three hours.　3 時間です。
└「1 時間」

③ A: ( How ) ( tall ) is that building?
あの建物はどのくらいの高さですか。└「建物」　❗ 高さ・身長をたずねる文。

　B: It's one hundred meters tall.　100メートルです。
└「100メートル」

④ A: ( How ) ( old ) is your school?
あなたの学校はどのくらい古いですか。　❗ How old は建物の古さなどにも使う。

　B: It's forty years old.　創立40年です。

⑤ A: ( How ) ( much ) is this shirt?
このシャツはいくらですか。└「シャツ」　❗ 値段をたずねる文。

　B: It's two thousand yen.　2000円です。
└「1000円」

⑥ A: ( How ) ( about ) six o'clock?　6時はどうですか。

　B: All right.　大丈夫です。

## 25 Which ～?

「どちら」「どれ」などとたずねる文です。

### ☑ 1 | Which（＋名詞＋）is ～?

# Which is my bag?
どちらが私のバッグですか。

# Which desk is yours?
どの机があなたのものですか。

- ◎「どちら」「どれ」とたずねるときは，which を使う。
- ◎「どちら[どれ]が～ですか」は，〈Which is ～?〉の形。
- ◎「どちらの…が～ですか」は，〈Which ＋名詞＋ is ～?〉の形。
- ◎答えるときは，「どちらであるか」を中心に答える。

  例）Which bike is yours? どちらの自転車があなたのですか。

  — This new one is (mine). この新しいの(が私の)です。
  └私のもの

  — That one is (mine). あちらのもの(が私の)です。

### ☑ 2 | Which ＋名詞 ～?

# Which bus goes to City Hall?

**どのバスが市役所へ行きますか。**

- ◎「どちらの[どの]…が～しますか」は，次の形で表す。

  〈Which ＋名詞＋一般動詞 ～?〉
  └この〈which＋名詞〉は主語のはたらき。

  〈Which ＋名詞＋ do[does]＋主語＋一般動詞 ～?〉

- ◎答え方の例：Take Bus No. 4. 4番のバスに乗ってください。

  That bus does. あのバスが行きます。

◆ **参考** 「AとBでは，どちらが～ですか」は Which ～, A or B? の形。

## ✎ テストの例題チェック

テストでは Which ～? に対する答え方
のいろいろなパターンをつかんでおく。

**1** （　）に適する語を[　]から選びなさい。

① ( Which ) car is his?　　　　　　[What / Which]
　どちらの車が彼のものですか。

② ( Which ) train goes to Osaka?　[Which / How]
　どの電車が大阪に行きますか。

③ ( Which ) is your bike?　　　　　[Who / Which]
　どちらがあなたの自転車ですか。

**2** （　）に適する語を入れなさい。

7章

① A: ( Which ) boy ( is ) Kenta?
　　どの少年がケンタですか。

　B: That tall boy is.　あの背の高い少年です。

② A: ( Which ) baseball team ( do ) you like?
　　あなたはどの野球チームが好きですか。

　B: I like the Giants.　私はジャイアンツが好きです。

③ A: ( Which ) fruit do you want, apples or oranges?
　　リンゴとオレンジでは，どちらのくだものがほしいですか。

　B: I want oranges.　オレンジがほしいです。

④ A: ( Which ) train goes to Kofu?
　　どの電車が甲府に行きますか。

　B: I'm sorry, but I don't know.　すみませんが，わかりません。

⑤ A: ( Which ) is your bag, this one ( or ) that one?
　　こちらとあちらでは，どちらがあなたのバッグですか。

　B: This one is mine.　こちらのものが私のです。

# 26 Whose ～?

「だれの～ですか」とたずねる文と、「～の（もの）です」と答える文です。

☑ **1 | Whose ＋名詞＋ is ～?**

## Whose bag is this?　　これはだれのバッグですか。

## — It's mine.　　　　　私の（もの）です。

◎ 「だれの」と持ち主をたずねるときは、**whose** を使う。

◎ 「これ[あれ]はだれの～ですか」は、〈**Whose** ＋名詞＋ is this [that]?〉の形。

◎ 答えるときは、**mine**(私のもの)、**his**(彼のもの)、**hers**(彼女のもの)などの代名詞(＝所有代名詞)や、**Ken's**(ケンのもの)など、「～のもの」を表す語を使う。

例）Whose book is this?　　これはだれの本ですか。

　　— It's hers.　　　　　それは彼女の（もの）です。

　　— It's my mother's.　　それは私の母の（もの）です。

**くわしく**　whoseのあとに名詞がこなければ、「だれのもの」という意味。
例）Whose is this book?　この本はだれのものですか。

**疑問詞のまとめ**

| what | 何(が, を) | where | どこに, どこで |
|------|-----------|-------|---------------|
| what＋名詞 | 何の～ | when | いつ |
| who | だれ(が, を) | how | どうやって |
| which | どれ,どの,どちら | how many | いくつ |
| whose | だれの | how old | 何歳 |

## ✏ テストの例題チェック

### 1 （　　）に適する語を[　　]から選びなさい。

① ( **Whose** ) guitar is that?　[Who / Whose]
あれはだれのギターですか。　　　❗ 持ち主をたずねる文。

— It's ( **hers** ).　　　[his / her / hers]
彼女のものです。

② ( **Which** ) pen is yours?　[Whose / Which]
どちらのペンがあなたのですか。　　　❗ どちらなのかをたずねる文。

③ ( **Who** ) is that boy?　[Who / Whose]
あの少年はだれですか。　　　❗ だれなのかをたずねる文。

### 2 （　　）に適する語を入れなさい。

① A: ( **Whose** ) notebook is this?
これはだれのノートですか。
B: It's Mari's.　マリのです。　　　❗ 〈名詞＋'s〉で「〜の（もの）」の意味。

② A: ( **Who** ) is that girl?　あの少女はだれですか。
B: She's my sister.　　　彼女は私の妹です。

③ A: ( **Which** ) is your camera, this one or that one?
こちらとあちらでは，どちらがあなたのカメラですか。
B: This one is mine.　こちらのものが私のです。

④ A: ( **Where** ) is your dog?　あなたの犬はどこにいますか。
B: It's under the desk.　　　机の下にいます。

⑤ A: ( **When** ) do you study English?
あなたはいつ英語を勉強しますか。
B: After dinner.　夕食後です。

# 27 代名詞（目的格・所有格）

「～を，～に」「～の」という意味を表す代名詞の使い方です。

## ☑ 1 目的格の代名詞

# She's Ms. Brown.　I love her.

彼女はブラウン先生です。私は彼女が大好きです。

◎ 目的格の代名詞は「～を」「～に」という意味。

---

me（私を）/ you（あなた（がた）を）/ him（彼を）/ her（彼女を）
it（それを）/ us（私たちを）/ them（彼らを，彼女らを，それらを）

---

**ミス注意**　you と it は目的格と主格が，her は目的格と所有格が同じ形。

◎ 目的格の代名詞は，**一般動詞の目的語や前置詞の目的語**になる。

　例）Do you know them?　　あなたは彼らを知っていますか。

　　　Look at me.　　　　　私を見なさい。
　　　└ 前置詞

## ☑ 2 所有格の代名詞

# That is my father.　　あちらは私の父です。

◎ 所有格の代名詞は，「～の」という意味。

---

my（私の）/ your（あなた（がた）の）/ his（彼の）/ her（彼女の）
its（それの）/ our（私たちの）/ their（彼らの，彼女らの，それらの）

---

◎ 所有格の代名詞は〈所有格＋名詞〉の形で使う。

　例）Is this your bike?　　これはあなたの自転車ですか。

# ✏️ テストの例題チェック

## 1 （　）に適する語を［　］から選びなさい。

① Do you like ( him )?　　　　　　　　[he / his / him]
あなたは彼が好きですか。

② Bob is ( my ) teacher.　　　　　　　[I / my / me]
ボブは私の先生です。

③ I have a cat. ( Its ) name is Tama.　[My / Its / Our]
私はネコを飼っています。名前はタマです。　❶「それの名前は」ということ。

## 2 （　）に適する語を入れなさい。

① A: Do you know ( her ) mother?
あなたは彼女の母親を知っていますか。

B: Yes, I know ( her ) well.　ええ，彼女をよく知っています。
└「よく」

② A: Is this ( your ) brother's bike?
これはあなたのお兄さんの自転車ですか。

B: No. That is ( his ) bike.　いいえ。あれが彼の自転車です。

## 3 （　）に適する語を入れなさい。

① ( Our ) parents often walk ( their ) dog.
　　┌「両親」　　　　　　　　　┌「散歩させる」
私たちの両親はよく彼らの犬を散歩させます。

② Please teach English to ( us ).
私たちに英語を教えてください。　❶ 前置詞に続く代名詞は目的格になる。

③ Look at that box. ( It ) is a present for ( you ).
　　　　　　　　　　　　　　┌「プレゼント」
あの箱をごらんなさい。それはあなたへのプレゼントです。

④ Listen to ( me ) carefully.　私の言うことをよく聞きなさい。
└「～を聞く」　　　　　└「注意深く」

⑤ That's ( Kumi's ) house.　あれはクミの家です。
❶ 人名のときは，〈名前+'s〉の形で表す。

# 28 形容詞

new(新しい)，popular(人気がある)など，様子を表すことばです。

## ☑ 1 名詞を説明するとき

# This is a new house.

これは新しい家です。

◎ 形容詞は名詞の前にきて，**名詞を説明**する。

◎ 〈a〔an〕など＋**形容詞＋名詞**〉の語順。

例) a beautiful flower　　美しい花

　　an interesting movie　おもしろい映画
　　　　　　　　└「映画」

**ミス注意**　形容詞が母音で始まるときは，a ではなく an を使う。あとの名詞が複数形のときは，a〔an〕はつかない。

## ☑ 2 主語を説明するとき

# Baseball is popular in Japan.

野球は日本で人気があります。

◎ 形容詞は be 動詞のあとにきて，**主語を説明**する。

◎ 〈**主語＋ be 動詞＋形容詞 .**〉の形。

**ミス注意**　形容詞のあとに名詞がないときは，その前に a〔an〕はつかない。

---

**いろいろな形容詞**

busy / old / difficult / easy / happy / good / nice
(忙しい) (古い) (難しい) (簡単な) (幸せな) (よい) (すてきな)
big / great / kind / tall / small
(大きい)(すばらしい)(親切な) (高い) (小さい)

# ✏️ テストの例題チェック

テストでは 語順に注意して，形容詞の2つの使い方を押さえる。

## 1 ( )に適する語句を[ ]から選びなさい。

① We're ( good friends ).
[friends good / good friends]
私たちは親友です。

② Ms. White ( is tall ). [tall / is tall / is a tall]
ホワイトさんは背が高い。
❗ 日本語にはないが，「～です」を表すbe動詞が必要。

③ This is my ( new ) bag. [new / a new]
これは私の新しいかばんです。
❗ my があるとき a はつけない。

## 2 ほぼ同じ内容の文になるように，( )に適する語を入れなさい。

① That computer is old. あのコンピューターは古い。
→ That is ( an ) ( old ) ( computer ).

② This is a very nice card. これはとてもすてきなカードです。
→ ( This ) ( card ) is very ( nice ).

③ This book isn't difficult. この本は難しくありません。
→ This book ( is ) ( easy ).
❗ 反対の意味を表す形容詞を使って書きかえる。

## 3 ( )に適する語を入れなさい。

① We ( are ) ( busy ) now. 私たちは今，忙しいです。

② Look at ( that ) ( big ) ( bird ). あの大きな鳥を見て。
❗ big は large としてもよい。

③ I have ( a ) ( small ) ( box ). 私は小さな箱を1つ持っています。
❗ 名詞を説明している。語順に注意。

④ Our ( new ) ( teacher ) is ( very ) ( kind ).
私たちの新しい先生はとても親切です。
❗ very（とても）は形容詞の前におく。

⑤ I have ( an ) ( interesting ) ( book ).
私はおもしろい［興味深い］本を持っています。
❗ interesting は母音で始まる形容詞。

## ✓ 疑問詞

❶「**何 ?**」➡ <u>what</u>　**What** is this?　これは何ですか。

「**何時 ?**」→ <u>What time</u> is it?　何時ですか。

「**何曜日 ?**」→ <u>What day</u> is it today?　今日は何曜日ですか。

「**何日 ?**」→ <u>What's</u> the date today?　今日は何月何日ですか。

❷「**どこ ?**」➡ <u>where</u>　**Where** do you live?　どこに住んでいますか。

❸「**いつ ?**」➡ <u>when</u>　**When** is your birthday?　誕生日はいつですか。

❹「**だれ ?**」➡ <u>who</u>　**Who** is that boy?　あの男の子はだれですか。

❺「**だれの（もの）?**」➡ <u>whose</u>

　**Whose** bag is this?　これはだれのかばんですか。

❻「**どちら（の）?**」➡ <u>which</u>

　**Which** is Tom's?　どちらがトムのですか。

❼「**どのよう（に）?**」➡ <u>how</u>

　**How** do you come to school?　どのようにして学校に来ますか。

➡ 「**どれくらいの～ ?**」は〈**how** ＋形容詞〔副詞〕〉で表す。

| 「数」 | ➡ how many | 「値段・量」 | ➡ how much |
|---|---|---|---|
| 「長さ」 | ➡ how long | 「年齢・古さ」 | ➡ how old |

# 疑問詞・代名詞・形容詞

## ☑ 代名詞

❶ **代名詞** ➡ 文の中での働きによって形を使い分ける。

| 単数 | ～は，～が | ～の | ～を，～に |
|---|---|---|---|
| 私 | I | my | me |
| あなた | you | your | you |
| 彼 | he | his | him |
| 彼女 | she | her | her |
| それ | it | its | it |
| 複数 | ～は，～が | ～の | ～を，～に |
| 私たち | we | our | us |
| あなたたち | you | your | you |
| 彼ら<br>彼女ら<br>それら | they | their | them |

❷ **代名詞の it** ➡ 時刻，曜日，天候などを表す文では，it を主語にする。

It is eleven o'clock.　11時です。

## ☑ 形容詞

❶ **名詞を説明する場合** ➡ 〈(a〔an〕+)形容詞+名詞〉の語順で表す。

a beautiful picture　美しい写真

❷ **主語を説明する場合** ➡ 〈主語+ be 動詞+形容詞 .〉の形。

This picture is beautiful.　この写真は美しいです。

# 29 I can ～. / 否定文

「～できます」や，「～できません」と言うときの文です。

## ☑ 1 | I can ～.

# I can play soccer well.

私はじょうずにサッカーができます。

◎「～（することが）できます」は，**動詞の前**に can をおく。

◎ can のあとの動詞は主語に関係なく**原形**になり，

〈主語＋ can ＋動詞の**原形** ～.〉の形。

| | | |
|---|---|---|
| **現在形の文** | Lisa | **swims.** リサは泳ぎます。 |
| | | └3人称単数現在形。 |
| **can の文** | Lisa can swim. | リサは泳げます。 |
| | | └原形 |

**ミス注意** 主語が3人称単数でも，can の形は変わらず，動詞は必ず原形。

## ☑ 2 | can の否定文

# They cannot speak Spanish.

彼らはスペイン語は話せません。

◎ can の否定文は，**動詞の前**に cannot〔can't〕をおく。

◎「～（することが）できません」は，〈cannot〔can't〕＋動詞の**原形**〉の形。

◎ **cannot** は can の否定形で，短縮形は can't。

例）He can't run fast. 彼は速く走れません。

**1** （　）に適する語句を[　]から選びなさい。

① I ( can play ) the flute.　　　[can / play / can play]
私はフルートが吹けます。

② Amy can ( read ) *kanji*.　　　[read / reads]
エイミーは漢字が読めます。

③ My sister ( cannot ) drive.　　[cannot / doesn't]
私の姉は車の運転はできません。

**2** [　]の指示にしたがって書きかえなさい。

① Tom runs very fast.　[「とても速く走れます」の文に]
→ Tom ( can ) ( run ) very fast.

❗ 動詞の形に注意する。
can のあとの動詞は原形。

② Mr. Brown can use a computer.　[否定文に]
→ Mr. Brown ( cannot ) ( use ) a computer.

❗ 「～（することが）できない」は cannot または can't を動詞の前におく。

**3** （　）に適する語を入れなさい。

① I ( can ) ( make ) a cake.　　　私はケーキが作れます。

② He ( can ) ( speak ) Japanese.　彼は日本語が話せます。

③ The dog ( can't ) ( swim ) well in the sea.
その犬は海ではじょうずに泳げません。　　❗ can't は cannot としてもよい。

④ They ( can't ) ( sing ) this song very ( well ).
彼らはこの歌をあまりじょうずに歌えません。

⑤ Aki ( can ) ( write ) Chinese a little.
アキは中国語が少し書けます。　└「中国語」　❗ a little は「少し」という意味。

⑥ We ( can't ) ( see ) Mt. Fuji from here.
ここからは富士山は見えません。　└「ここから」

# 30 I can 〜. の疑問文

「〜できますか」や、「いつ〜できますか」などとたずねる文です。

## ☑ 1 │ can の疑問文と答え方

## Can you play the piano?

あなたはピアノがひけますか。

## — Yes, I can.     はい、ひけます。

## — No, I cannot.    いいえ、ひけません。

◎ can の疑問文は、can を主語の前に出す。

◎「〜(することが)できますか」は、〈Can ＋主語＋動詞の原形
〜?〉の形。

◎ Can 〜?への答え方：「はい」→ Yes, 〜 can.
「いいえ」→ No, 〜 cannot〔can't〕.

**ミス注意** 主語が3人称単数のときでも Can 〜?の形は変わらない。また、動詞は必ず原形を使う。

## ☑ 2 │ 疑問詞で始まる疑問文

## When can you come here?

あなたはいつここへ来られますか。

## — I can come at three.

私は3時に行けます。

◎ when, what, how などで始まる疑問文は**疑問詞を文の最初**
におき、〈疑問詞＋ can ＋主語＋動詞の原形 〜?〉の形。

**1** ( )に適する語を[ ]から選びなさい。

① ( Can ) Lisa dance well?  [Is / Does / Can]

リサはじょうずにダンスができますか？

② ( Does ) he often sing the song?  [Is / Does / Can]

彼はよくその歌を歌いますか。  ❶ 一般動詞の疑問文。

③ ( Can ) Yuka speak English?  [Is / Does / Can]

ユカは英語が話せますか。

④ Can she ( run ) fast?  [run / runs / running]

彼女は速く走れますか。 └「速く」

— No, she ( cannot ).  [can / cannot / doesn't]

いいえ、走れません。

**2** ( )に適する語を入れなさい。

① A: ( Can ) your sister ( read ) any English books?

あなたの妹さんは何か英語の本が読めますか。 └「英語の」

B: Yes, ( she ) ( can ).  はい、読めます。

② A: ( Can ) Mr. Brown ( cook )?

ブラウン先生は料理ができますか。

B: No, ( he ) ( can't ).  いいえ、できません。 ❶ cannot でもよい。

③ A: ( What ) ( can ) you make?  あなたは何が作れますか。

B: I ( can ) ( make ) tempura.  私は天ぷらが作れます。

④ A: ( When ) ( can ) we ( play ) baseball?

私たちはいつ野球ができますか。 ❶「時」をたずねる疑問文。

B: On Sunday.  日曜日です。

# 31 Can you ～?(依頼) / Can I ～?(許可)

**相手に依頼したり，許可を求めたりするときの文です。**

## ☑ 1│Can you ～?(依頼)

# Can you open the door?

**ドアを開けてくれますか。**

◎ Can you ～?は，「～してくれますか」と相手に**依頼**すると
  きにも使う。

◎ Can you ～?には，次のように応じる。

**引き受ける**　OK. / Sure. / All right.　(いいですよ。)

**断る**　Sorry.(ごめんなさい。) / Sorry, I can't.(すみません，で
きません。)

**くわしく**　断るときには，断る理由を述べるようにすること。

## ☑ 2│Can I ～?(許可)

# Can I use your bike?

**あなたの自転車を使ってもよいですか。**

◎ Can I ～?は，「～してもよいですか」と相手に**許可**を求める
  ときに使う。

◎ Can I ～?には，次のように応じる。

例)Can I eat this cake?　　　　このケーキを食べてもよいですか。

　— Sure.　　　　　　　　　　　いいですよ。

　Can I use this red pencil?　この赤鉛筆を使ってもよいですか。

　— Sorry.　I'm using it now.　ごめんなさい。今，使っています。

**1 ( )に適する語句を下の[ ]から選びなさい。**

① ( Can you ) help me?　私を手伝ってくれますか。
　　[Can I / Can you / Do you]

② ( Can I ) eat this pie?　このパイを食べてもよいですか。
　　[Can I / Can you / Do you]　└「パイ」

**2 ( )に適する語を入れなさい。**

① A: ( Can ) ( I ) sit here?　ここにすわってもよいですか。
　　　　　　　　　　　　　└「すわる」
　　B: Sure.　いいですよ。　　　❶ 相手に許可を求める文。

② A: ( Can ) ( you ) close the window?
　　　窓を閉めてくれますか。　└「閉める」　　❶ 相手に依頼する文。
　　B: OK.　いいですよ。

③ A: ( Can ) ( you ) ( make ) a doll for me?
　　　私のために人形を作ってくれますか。　└「〜のために」
　　B: All ( right ).　いいですよ。

④ A: ( Can ) ( I ) ( read ) this book?
　　　この本を読んでもよいですか。
　　B: ( Sorry ).　I'm reading it now.
　　　ごめんなさい。今，読んでいるところです。

**3 次のような場合，どう言えばよいか，( )に適する語を入れなさい。**

① ドアを開けてもよいかと許可を求めるとき。
　　→ ( Can ) ( I ) ( open ) the door?

② 皿を洗ってくれますかと相手に依頼するとき。
　　→ ( Can ) ( you ) ( wash ) the dishes?

# 32 She is studying ～.

「～しているところです」と，現在ある動作をしている最中であることを表す文です。

☑ **1 | She is studying ～.**

## Lisa is studying now.

リサは今，勉強しています。

◎ 「(今)～しています」「～しているところです」と，進行中の
　動作を表す文(現在進行形)は，〈be 動詞＋動詞の ing 形〉の形。

◎ be 動詞(am, are, is)は主語に合わせて使い分ける。

◎ 意味は，「(今)～しています」「～しているところです」。

---

I am playing tennis. 　　　私はテニスをしています。
└Iのときは am。

We are watching a movie. 私たちは映画を見ています。
　　└you や複数のときは are。

Ken is washing his dog. 　ケンは犬を洗っています。
　　└3 人称単数のときは is。

---

◆ くわしく　　現在進行形は，ある動作が現在進行中であることを表す。

☑ **2 | ing 形の作り方**

| (ルール) | (原形) | (ing 形) |
|---|---|---|
| ing をつける | **help**（手伝う） | ➡ helping |
| e をとって ing | **make**（作る）<br>└e で終わる語 | ➡ making |
| 1 文字重ねて ing | **run**（走る）<br>└〈短母音＋子音字〉で終わる語 | ➡ running |

**1** ( )に適する語を[ ]から選びなさい。

① I ( am ) playing soccer.　　　　[is / am / are]
　私はサッカーをしています。

② Yuka and Tom ( are ) talking.　　[is / am / are]
　ユカとトムは話しています。　└「話す」　　❶ 主語は〈A and B〉で複数。

③ He's ( cooking ) lunch.　[cook / cooks / cooking]
　彼は昼食を料理しています。　　　　❶ He's は He is の短縮形。

**2** 現在進行形の文に書きかえなさい。

① They swim in the sea.　　彼らは海で泳ぎます。
　　　　└「海で」
　→ They ( are ) ( swimming ) in the sea.

② He takes pictures.　　　彼は写真をとります。
　→( He's ) ( taking ) pictures.　　❶ take は e で終わる語

**3** ( )に適する語を入れなさい。

① He ( is ) ( using ) the phone.　　彼は電話を使っています。

②( I'm ) ( watching ) TV.　　　　私はテレビを見ています。

③( She's ) ( studying ) English.　彼女は英語を勉強しています。

④ You ( are ) ( writing ) an e-mail.
　あなたはメールを書いています。　　❶「書く」は write。e で終わる語。

⑤ The boy ( is ) ( making ) a box.
　その少年は箱を作っています。　　❶「作る」は make。e で終わる語

⑥( We're ) ( running ) in the park.
　私たちは公園で走っています。　　❶「走る」は run。語尾を重ねることに注意。

⑦ Amy ( is ) ( helping ) her mother.
　エイミーは母親を手伝っています。

10
章

81

# 33 She is studying 〜.の疑問文 / 否定文

「〜していますか」とたずねる文と、「〜していません」と打ち消す文です。

☑ **1 │ 現在進行形の疑問文と答え方**

## Is Paul reading a book?

ポールは本を読んでいますか。

## — Yes, he is.　　はい，読んでいます。

## — No, he isn't.　いいえ，読んでいません。

◎ 現在進行形の疑問文は，主語の前に be 動詞をおいて，〈be 動
　詞＋主語＋動詞の ing 形 〜?〉の形。
　└ is, am, are

◎「(今)〜していますか」「〜しているところですか」の意味。

◎ 答えるときも be 動詞を使う。「はい」→ Yes, 〜 am[are, is].
　「いいえ」→ No, 〜 am[are, is] not.

**ミス注意** 現在進行形の疑問文とふつうの be 動詞の疑問文への答え方は同じ。

☑ **2 │ 現在進行形の否定文**

## Paul is not cooking now.

ポールは今，料理していません。

◎ 現在進行形の否定文は，be 動詞のあとに not をおく。

◎「…は(今)〜していません」の意味で，〈主語＋ be 動詞＋ not
　＋動詞の ing 形 〜.〉の形。

**ミス注意** 現在進行形の否定文には，do や does は使わない。

## ✏️ テストの例題チェック

テストでは be 動詞の使い分けに注意して，疑問文，否定文が作れるようにする。

**1** （　）に適する語を[　]から選びなさい。

① ( Is ) Emma swimming?　　　　　　[Does / Is / Are]
　エマは泳いでいますか。

② We ( aren't ) talking.　　　　　　　[aren't / don't]
　私たちは話していません。

③ ( Are ) you studying?　　　　　　　[Is / Are / Do]
　あなたは勉強していますか。
　— Yes, I ( am ).　はい，しています。　[do / does / am]

**2** [　]の指示にしたがって書きかえなさい。

① They're running now. 〔疑問文に〕

　→ ( Are ) they ( running ) now?

② Tom and Paul are having lunch. 〔否定文に〕

　→ Tom and Paul ( aren't ) ( having ) lunch.

❶ have は「持っている」の意味では進行形にしないが，「食べる」の意味であれば進行形にできる。

**3** （　）に適する語を入れなさい。

① A: ( Is ) Bob ( driving )?　　ボブは運転していますか。
　B: No, he ( isn't ).　　　　　いいえ，していません。
　　　　　　　　　　　　　　❶ No, he's not. と答えてもよい。

② A: ( Are ) you ( going ) to the park?
　　あなたがたは公園へ行くところですか。
　B: ( No ), ( we're ) not.　　いいえ，ちがいます。
　　　　　　　　　　　　　　❶ No, we aren't. と答えてもよい。

③ A: ( Is ) she ( working )?　彼女は働いていますか。
　B: Yes, she ( is ).　　　　　はい，働いています。

④ My mother ( isn't ) ( writing ) a letter.
　私の母は手紙を書いていません。

# 34 What is ～ doing?

「何をしていますか」のように，していることをたずねる文です。

## ☑ 1 What is ～ doing? と答え方

**What is Aki doing ?** アキは何をしていますか。

**— She is watching TV.** テレビを見ています。

◎「…は(今)何をしていますか」とたずねる文は，
〈What ＋ be 動詞＋主語＋ doing?〉の形。
  └am, are, is

◎この doing は，「する」という意味の**動詞 do の ing 形**。

◎答えの文でも進行形を使う。

  例）What are you doing? あなたは何をしていますか。

  — I'm making a doll. 私は人形を作っています。
                        └「人形」

**ミス注意** Yes や No は使わず，現在進行形を使って答えること。

## ☑ 2 疑問詞で始まる疑問文

**What are you studying?**

あなたは何を勉強していますか。

**— I'm studying math.** 数学を勉強しています。

◎「…は(今)何を～していますか」は，〈What ＋ be 動詞＋主語
＋動詞の ing 形 ～?〉の形。

◎「だれが～していますか」は，〈Who is ＋動詞の ing 形 ～?〉の形。

**くわしく** Who is ～ing ? には，〈主語＋ be 動詞.〉の形で答える。

**1** （　　）に適する語を[　　]から選びなさい。

① ( What ) is Ken doing?　　　　[ Who / What ]
ケンは何をしていますか。

— He's ( cooking ).　　　　[ cooks / cooking ]
彼は料理しています。

② ( Where ) are they running?　[ When / Where ]
彼らはどこで走っていますか。

③ What are you ( doing )?　　　[ do / doing ]
あなたは何をしていますか。

**2** [　　]の指示にしたがって書きかえなさい。

① She is playing <u>tennis</u>.　[下線部をたずねる文に]
→ ( What ) ( is ) she ( playing )?　❗ していることは何かをたずねる文に。

② They're playing <u>soccer</u>.　[下線部をたずねる文に]
→ ( What ) ( are ) they ( doing )?　❗ 何をしているのかをたずねる文に。

**3** （　　）に適する語を入れなさい。　

① A: ( What ) are you ( doing )?　あなたは何をしていますか。
B: I'm ( walking ) in the park.　私は公園を歩いています。

② A: ( Who ) ( is ) singing?　だれが歌っていますか。
B: Mike ( is ).　マイクです。
　❗ 〈主語＋ be 動詞.〉の形で答える。

③ A: ( What ) ( is ) he teaching?　彼は何を教えていますか。
B: He's ( teaching ) English.　彼は英語を教えています。

④ ( Where ) ( are ) you going?　あなたはどこへ行くところですか。

10章

# テスト直前 最終チェック！ ▶▶

## ☑ can の文

**❶**「〜できます」➡〈can +動詞の原形〉の形。

I can swim well.　私はじょうずに泳げます。

**❷**「〜できません」➡〈can't[cannot]+動詞の原形〉の形。

I can't ski.　私はスキーができません。

**❸**「〜できますか」➡〈Can +主語+動詞の原形 ~?〉の形。

Can Jack speak Japanese?　ジャックは日本語を話せますか。

「はい」→ Yes, he can. /「いいえ」→ No, he can't[cannot].

**❹ 疑問詞がつく場合** ➡〈疑問詞+ can +主語+動詞の原形 ~?〉の形。

Where can we play baseball?

私たちはどこで野球をすることができますか。

## ☑ Can you ~? / Can I ~? の文

**❶**「〜してくれますか（依頼）」➡〈Can you +動詞の原形~?〉の形。

Can you open the door?　ドアを開けてくれますか。

**❷**「〜してもいいですか（許可）」➡〈Can I +動詞の原形~?〉の形。

Can I close the window?　窓を閉めてもいいですか。

**❸ 答え方**

「いいですよ」→ Sure. / OK. / All right.

# ▶▶ canの文・現在進行形

## ☑ 現在進行形の文

❶「～しています」➡〈主語＋ be 動詞 ＋動詞の ing 形 ～.〉の形。

I am playing tennis.　私はテニスをしています。

➡ ing 形の作り方

| ing をつける | play | playing |
| e をとって ing | make | making |
| 1 字重ねて ing | run | running |

❷「～していません」

➡〈主語＋ be 動詞＋ not ＋動詞の ing 形 ～.〉の形。

I'm not watching TV.　私はテレビを見ていません。

❸「～していますか」➡ be 動詞を主語の前におく。

➡ 答えるときも，be 動詞を使う。（ふつうの be 動詞の疑問文と同じ。）

Are you studying math?　あなたは数学を勉強していますか。

「はい」➡ Yes, I am. /「いいえ」➡ No, I am not.

❹「何をしていますか」➡ What を文の最初におく。

What are you doing?　あなたは何をしていますか。

— I am waiting for Sarah.　私はサラを待っています。

# 35 I played 〜.（規則動詞の過去形）

動詞の語尾に ed または d をつけて、「〜しました」と過去を表す文です。

## ☑ 1 | I played 〜.

## I played tennis yesterday.

私はきのうテニスをしました。

◎「〜しました」という過去のことは，動詞の過去形で表す。

| 過去を表す語句 | yesterday（きのう）/ last night（昨夜）/ two days ago（2日前）/ last Sunday（この前の日曜日）/ last year（去年） |
|---|---|

◎一般動詞の過去形は，原形の語尾に ed または d をつける。
  └ 規則動詞という。

例）play → played / visit → visited

◎過去形は主語が何であっても形は変わらない。

| 現在の文 | I play tennis. <br> He plays tennis. <br> └ 3人称単数現在形 | 過去の文 | I played tennis. <br> He played tennis. |
|---|---|---|---|

## ☑ 2 | 過去形の作り方

| （ルール） | （原形） | | （過去形） |
|---|---|---|---|
| ed をつける | : walk（歩く） | ➡ | walked |
| d だけをつける | : live（住む） <br> └ e で終わる語 | ➡ | lived |
| y を i にかえて ed | : study（勉強する） <br> └〈子音字＋y〉で終わる語 | ➡ | studied |
| 1文字重ねて ed | : stop（止まる） <br> └〈短母音＋子音字〉で終わる語 | ➡ | stopped |

## ✎ テストの例題チェック

### 1 （ ）に適する語を[ ]から選びなさい。

① We ( <u>walked</u> ) in the park.　[walk / walks / walked]
　私たちは公園を歩きました。

② Ken ( <u>called</u> ) me last night.　[call / calls / called]
　ケンは昨夜，私に電話をくれました。└「昨夜」

③ Tom ( <u>lives</u> ) in Canada now.　[live / lives / lived]
　トムは今，カナダに住んでいます。　　❶ 現在の文で，主語は3人称単数。

### 2 過去の文に書きかえなさい。

① She studies English.　　　彼女は英語を勉強します。
　→ She ( <u>studied</u> ) English.

② They use the bus.　　　　彼らはバスを利用します。
　→ They ( <u>used</u> ) the bus.

### 3 （ ）に適する語を入れなさい。

① He ( <u>wanted</u> ) a new ball.
　彼は新しいボールをほしがっていました。

② I ( <u>played</u> ) the guitar after school.
　私は放課後にギターをひきました。

③ Ken ( <u>watched</u> ) a soccer game on TV yesterday.
　ケンはきのうテレビでサッカーの試合を見ました。

④ The train ( <u>stopped</u> ) suddenly.
　その列車は突然止まりました。

⑤ My mother ( <u>closed</u> ) the windows last night.
　私の母が昨夜，窓を閉めました。

# 36 I went 〜. (不規則動詞の過去形)

過去形の語尾が〜ed の形にならず，不規則に変化する動詞の文です。

## ☑ 1 | I went 〜.

## I went to the park last Sunday.

私はこの前の日曜日，公園へ行きました。

◎ play の過去形は played だが，go の過去形は went と不規
  └規則動詞
則に変化する。
◎ 不規則動詞の場合も，規則動詞と同じく，主語によって過去
  └不規則動詞という。
形の形が変わることはない。

| | | |
|---|---|---|
| 現在の文 | I have breakfast at six. | 私は6時に朝食を食べます。 |
| | He has breakfast at six. | 彼は6時に朝食を食べます。 |
| | └3人称単数現在形 | |
| 過去の文 | I had breakfast at six. | 私は6時に朝食を食べました。 |
| | He had breakfast at six. | 彼は6時に朝食を食べました。 |

## ☑ 2 | いろいろな不規則動詞

| come (来る) | ➡ came | say (言う) | ➡ said |
|---|---|---|---|
| do (する) | ➡ did | take (とる) | ➡ took |
| get (得る) | ➡ got | write (書く) | ➡ wrote |
| see (見る) | ➡ saw | sit (すわる) | ➡ sat |

# ✎ テストの例題チェック

テストでは 不規則動詞の過去形は、1語1語覚えるようにする。

## 1 [ ]の語を適する形にして，( )に入れなさい。

① She ( <u>got</u> ) up at six this morning.　　　[get]
彼女はけさ 6 時に起きました。

② I ( <u>saw</u> ) my uncle last Sunday.　　　[see]
私はこの前の日曜日，おじに会いました。

③ He ( <u>did</u> ) his math homework.　　　[do]
彼は数学の宿題をしました。

④ He ( <u>came</u> ) back from America last week.　[come]
彼は先週アメリカからもどってきました。

⑤ I ( <u>went</u> ) to bed early last night.　　　[go]
私は昨夜，早く寝ました。

## 2 過去の文に書きかえなさい。

① He studies science.　　　彼は理科を勉強します。
　→ He ( <u>studied</u> ) science.

② He goes to Canada.　　　彼はカナダへ行きます。
　→ He ( <u>went</u> ) to Canada.　❶ study は規則動詞で，go は不規則動詞。

## 3 ( )に適する語を入れなさい。

① We ( <u>had</u> ) a good time.　　　私たちは楽しい時間を過ごしました。
　　　　　　　　　　　　　　　❶ have a good time で「楽しい時間を過ごす」。

② She ( <u>wrote</u> ) a long letter.　彼女は長い手紙を書きました。
　　　　　　　└「手紙」

③ He ( <u>took</u> ) a lot of pictures there.　❶ take a picture で
彼はそこでたくさんの写真をとりました。　　「写真をとる」。

④ The girl ( <u>said</u> ), "I'm Yuki."　❶「言う」は say で，不規則動詞。
その少女は「私はユキです。」と言いました。

11
章

# ③37 過去の疑問文 / 否定文

一般動詞の過去の疑問文と否定文です。

☑ **1 | 一般動詞の過去の疑問文と答え方**

## <u>Did</u> you study English?

あなたは英語を
勉強しましたか。

## — **Yes, I** did.　　はい，しました。

## — **No, I** didn't.　いいえ，しませんでした。

◎「〜しましたか」とたずねる過去の疑問文は，主語に関係なく
　主語の前に Did をおく。

**ミス注意**　現在の疑問文は，主語によって do と does を使い分ける。

◎動詞は**原形**を使い，〈**Did** ＋主語＋**動詞の原形** 〜?〉の形。

◎Did 〜? への答え方

　「はい」→ Yes, 〜 did. /「いいえ」→ No, 〜 didn't〔did not〕.

◎didn't は did not の短縮形。

☑ **2 | 一般動詞の過去の否定文**

## **I** didn't **play tennis last Sunday.**

私はこの前の日曜日，テニスをしませんでした。

◎「〜しませんでした」という過去の否定文は，主語に関係な
　く didn't〔did not〕を動詞の原形の前におく。
　└ 現在の文の場合は主語によって don't と doesn't を使い分ける。

◎動詞は**原形**を使い，〈主語＋didn't〔did not〕＋**動詞の原形** 〜.〉
　の形。

## ✏️ テストの例題チェック

### 1 （　　）に適する語を[　　]から選びなさい。

① ( Did ) Yuki play the guitar?　[ Do / Does / Did ]
ユキはギターをひきましたか。

② Did you ( visit ) Kyoto?　　　[ visit / visits / visited ]
あなたは京都を訪れましたか。

③ ( Does ) he study every day? [ Do / Does / Did ]
彼は毎日勉強しますか。　　　　　　　❗ 現在の疑問文で，主語は3人称単数。

### 2 疑問文に書きかえなさい。

① You enjoyed the game.　あなたはゲームを楽しみました。
→ ( Did ) you ( enjoy ) the game?

② She got a new book.　彼女は新しい本を買いました。
→ ( Did ) she ( get ) a new book?
❗ 疑問文では動詞は原形にする。get は不規則動詞。

### 3 （　　）に適する語を入れなさい。

① A: ( Did ) you help him?　あなたは彼を手伝いましたか。
B: Yes, I ( did ).　はい，手伝いました。

② A: ( Did ) it rain yesterday?　きのう雨が降りましたか。
B: No, it ( didn't ).　いいえ，降りませんでした。

③ A: Where ( did ) you ( go ) after school?
あなたは放課後どこへ行きましたか。　❗ 疑問文では動詞は原形。

B: I ( went ) to the library.　私は図書館へ行きました。
└「図書館」　　　　　　　❗ 答えの文の動詞は過去形。

④ I ( didn't ) ( watch ) TV last night.
私は昨夜テレビを見ませんでした。　❗ 否定文では動詞は原形。

11章

# 38 I was 〜. / You were 〜.

「〜でした」や「〜にいました〔ありました〕」のように, 過去のことを言うときの文です。

☑ **1｜I was 〜.**

**I** was 11 years old then.

**She** was busy yesterday.

私はそのとき
11歳でした。
彼女はきのう
忙しかった。

◎ be 動詞 am の過去形は was, is の過去形も was。

◎「〜でした」「〜にいました〔ありました〕」という過去の文は,
主語が I または 3 人称単数のときは was を使う。

現在の文　I am happy.　　She is happy.
　　　　　 ↓ am の過去形は was。　 ↓ is の過去形も was。
過去の文　I was happy.　　She was happy.

☑ **2｜You were 〜.**

**We** were in Tokyo last Sunday.

私たちはこの前の日曜日は東京にいました。

◎ be 動詞 are の過去形は were。

◎ 主語が you または複数のとき, 過去形は were を使う。

| 主　語 | 現在形 | 過去形 |
|---|---|---|
| I | am | was |
| 3 人称単数 | is | |
| you または複数 | are | were |

**ミス注意**　〈〜 and …〉
の形の主語は複数。be 動詞
の過去形は were を使う。

## ✏️ テストの例題チェック

**1** （　）に適する語を下の[　]から選びなさい。

① I ( was ) hungry this morning.　私はけさ，空腹でした。
[is / are / was / were]

② It ( was ) rainy and cold today.　今日は雨で寒かった。
[am / are / was / were]

③ Sam and Ann ( were ) at the party last Saturday.
サムとアンはこの前の土曜日にパーティーにいました。[is / are / was / were]

**2** 過去の文に書きかえなさい。

① I'm busy today.
→ I ( was ) busy yesterday.　私はきのう忙しかった。 ❶ I'm = I am

② They're happy now.
→ They ( were ) happy at that time. ❶ They're = They are
彼らはそのとき幸せでした。

③ She's in the library.
→ She ( was ) in the library an hour ago. ❶ She's = She is
彼女は1時間前，図書館にいました。

**3** （　）に適する語を入れなさい。

① My grandfather ( was ) a teacher three years ago.
私の祖父は3年前は教師でした。

② You ( were ) late for school yesterday.
あなたはきのう学校に遅刻しました。

③ Bob and I ( were ) in the same class.
ボブと私は同じクラスでした。

12章

# 39 was(were)の疑問文／否定文

「〜でしたか」とたずねる文と、「〜ではなかった」と打ち消す文です。

## ☑ 1 | be 動詞の過去の疑問文と答え方

## Were you busy yesterday?

あなたはきのう忙しかったのですか。

## — Yes, I was.　　はい, 忙しかったです。

## — No, I wasn't.　　いいえ, 忙しくありませんでした。

◎ be 動詞の過去の疑問文は, was(were)を主語の前におき,
〈Was ＋主語 〜?〉, もしくは〈Were ＋主語 〜?〉の形。

◎ Was(Were) 〜? には, was(were)を使って答える。

「はい」 → Yes, 〜 was(were).

「いいえ」→ No, 〜 wasn't(weren't).
　　　　　　　　　　 └ = was not └ = were not

**ミス注意** 疑問詞で始まる疑問文には, Yes, Noでは答えない。

例)Where were you this morning?　あなたはけさ, どこにいましたか。
　—I was in the park.　　　　　　私は公園にいました。

## ☑ 2 | be 動詞の過去の否定文

## He wasn't here an hour ago.

彼は 1 時間前, ここにいませんでした。

◎ be 動詞の過去の否定文は, 〈was(were) + not〉の形。

◎ was not の短縮形は wasn't。

were not の短縮形は weren't。

## ✎ テストの例題チェック

**テストでは** was と were を使い分けて, 疑問文と否定文を作れるようにする。

**1** ( )に適する語を入れなさい。

① ( Was ) it sunny in Sapporo yesterday?
— Yes, it ( was ).
きのう札幌は晴れていましたか。— はい, 晴れていました。

② ( Were ) Saki and Bill friends? — Yes, they ( were ).
サキとビルは友だちでしたか。— はい, 友だちでした。

③ Mr. Miller ( wasn't ) in this room then.
ミラー先生はそのとき, この部屋にいませんでした。

④ Her shoes ( weren't ) new. ❶ shoes は shoe(くつ)の複数形。
彼女のくつは新しくありませんでした。

**2** 〔 〕の指示にしたがって書きかえなさい。

① You were busy yesterday. 〔疑問文に〕
→ ( Were ) ( you ) busy yesterday?

② Jack was in Japan last year. 〔否定文に〕
→ Jack ( wasn't ) in Japan last year.

**3** ( )に適する語を入れなさい。

① A: ( Was ) this book interesting?
この本はおもしろかったですか。

B: Yes, it ( was ). はい, おもしろかったです。

② A: ( Were ) you at the station at three?
あなたは 3 時に駅にいましたか。

B: No, I ( wasn't ). いいえ, いませんでした。

③ A: How ( was ) your grandmother?
あなたのおばあさんの調子はどうでしたか。

B: She ( was ) fine, thank you. 元気でした, ありがとう。

12章

# テスト直前 最終チェック！ ▶

## ✓ 一般動詞の過去の文

**①一般動詞の過去形** ➡ 規則動詞の場合，語尾に <u>d</u> または <u>ed</u> をつける。

I <u>lived</u> in Nagoya.　私は名古屋に住んでいました。

**②規則動詞の過去形の作り方**

| ed をつける | walk(歩く) | walked |
|---|---|---|
| d をつける | like(好きだ) | liked |
| y を i にかえて ed | study(勉強する) | studied |
| 1字重ねて ed | stop(止まる) | stopped |

**③「～しませんでした」** ➡ 〈主語＋ <u>did not</u> 〔<u>didn't</u>〕＋動詞の原形 ～.〉の形。

She <u>didn't buy</u> the book.　彼女はその本を買いませんでした。

**④「～しましたか」** ➡ 〈<u>Did</u> ＋主語＋**動詞の原形** ～?〉の形。

<u>Did</u> he <u>play</u> soccer?　彼はサッカーをしましたか。

➡ 答えるときは，<u>did</u> を使って，Yes / No で答える。

「はい」→ Yes, ～ <u>did</u>. /「いいえ」→ No. ～ <u>didn't</u>.

**⑤疑問詞がつく場合** ➡ 〈疑問詞＋ <u>did</u> ＋主語＋**動詞の原形** ～?〉の形。

<u>What did</u> you **eat** for lunch?　あなたは昼食に何を食べましたか。

➡ 答えるときは，**動詞の過去形**を使って答える。

I <u>ate</u> curry and rice.　私はカレーライスを食べました。

# 過去の文

## ☑ be 動詞の過去の文

### ❶「～でした」「～にいました」

➡ 主語が I や 3 人称単数なら was, you や複数なら were を使う。

I was hungry then.     私はそのときおなかがすいていました。

We were tired then.     私たちはそのとき疲れていました。

### ❷ be 動詞の過去形の使い分け

| 主語 | 現在形 | 過去形 |
|------|--------|--------|
| I | am | was |
| you, 複数 | are | were |
| 3人称単数 | is | was |

### ❸「～ではありませんでした」「～にいませんでした」

➡ was, were のあとに not をおく。

➡ 短縮形の wasn't, weren't もよく使う。

She wasn't busy.     彼女は忙しくありませんでした。

### ❹「～でしたか」「～にいましたか」 ➡ Was, Were を主語の前におく。

Were they in the classroom?     彼らは教室にいましたか。

➡ 答えるときは, was か were を使って, Yes / No で答える。

「はい」→ Yes, ～ was [were]. /「いいえ」→ No, ～ wasn't [weren't].

### ❺ 疑問詞がつく場合 ➡〈疑問詞＋was [were]＋主語 ～?〉の形。

Where was he this morning?     彼はけさ, どこにいましたか。

# 40 I was walking 〜. / 否定文

「〜していた」と，過去のあるときに動作が進行していたことを表す文です。

## ☑ 1 | 過去進行形の文

# I was walking in the park at that time.

私はそのとき公園を歩いていました。

◎「〜していました」「〜しているところでした」という過去進行
　形の文は〈was〔were〕＋動詞の ing 形〉の形。

◎主語が I または 3 人称単数のときは，〈was ＋ 〜ing〉の形。
　you または複数のときは，〈were ＋ 〜ing〉の形。

現在　They are playing tennis.　彼らはテニスをしています。
　　　└〈be 動詞の現在形＋〜ing〉➡「〜している」。

過去　They were playing tennis. 彼らはテニスをしていました。
　　　└〈be 動詞の過去形＋〜ing〉➡「〜していた」。

## ☑ 2 | 過去進行形の否定文

# He wasn't studying math in his room.

彼は部屋で数学を勉強していませんでした。

◎過去進行形の否定文は，was〔were〕のあとに not をおく。

◎「〜していませんでした」は，〈was〔were〕 not ＋ 〜ing〉の形。
　短縮形の wasn't，weren't もよく使われる。

　例）We weren't swimming in the pool then.

　　　　私たちはそのときプールで泳いでいませんでした。

## ✎ テストの例題チェック

### 1 (　　)に適する語を[　　]から選びなさい。

① I ( <u>was</u> ) reading a book.　[am / was / were]
　私は本を読んでいました。　❗「〜していた」という過去進行形の文。

② Lisa was ( <u>eating</u> ) lunch.　[ate / eats / eating]
　リサは昼食を食べていました。

③ They ( <u>weren't</u> ) watching TV.
　[weren't / wasn't / didn't]
　彼らはテレビを見ていませんでした。　❗あとに動詞の ing 形が続いていることに注意。

### 2 過去進行形の文に書きかえなさい。

① I'm playing tennis.　❗もとの文は現在進行形。
　→ I ( <u>was</u> ) ( <u>playing</u> ) tennis.

② Mark and I listened to music.　❗もとの文はふつうの過去の文。
　→ Mark and I ( <u>were</u> ) ( <u>listening</u> ) to music.

### 3 (　　)に適する語を入れなさい。

① Mr. Jones ( <u>was</u> ) ( <u>cooking</u> ) in the kitchen.
　ジョーンズさんは台所で料理していました。

② It ( <u>was</u> ) ( <u>raining</u> ) this morning.
　けさ，雨が降っていました。

③ Some students ( <u>were</u> ) ( <u>singing</u> ) songs in the
　music room.
　音楽室で何人かの生徒が歌を歌っていました。

④ My brother ( <u>wasn't</u> ) ( <u>washing</u> ) the dishes.
　私の兄は皿を洗っていませんでした。

⑤ Judy and I ( <u>weren't</u> ) ( <u>studying</u> ) English then.
　ジュディーと私はそのとき英語を勉強していませんでした。

# 41 I was walking 〜. の疑問文

「〜していましたか」と、過去のあるときにしていたことについてたずねる文です。

☑ **1 過去進行形の疑問文と答え方**

## Were you playing tennis?

あなたはテニスをしていたのですか。

## — Yes, I was.　はい，していました。

## — No, I wasn't.　いいえ，していませんでした。

◎過去進行形の疑問文は，was[were]を主語の前におき，〈Was
[Were]＋主語＋動詞の ing 形 〜?〉の形。

◎答えるときには，was[were]を使う。

「はい」　→ Yes, 〜 was[were].

「いいえ」→ No, 〜 wasn't[weren't].
　　　　　　　 └ = was not 　└ = were not

☑ **2 疑問詞で始まる疑問文**

## What were you doing then?

あなたはそのとき何をしていましたか。

## — I was running in the park.

私は公園を走っていました。

◎what などの疑問詞は文の最初におき，〈疑問詞＋ was[were]
＋主語＋動詞の ing 形 〜？〉の形。

◎答えるときも，**過去進行形**を使う。

**1** ( )に適する語を[ ]から選びなさい。

① ( <u>Was</u> ) the boy reading a book?  [Was / Were / Did]
その少年は本を読んでいましたか。

② Was Kate ( <u>having</u> ) lunch?  [has / have / having]
ケイトは昼食を食べていましたか。

③ ( <u>Were</u> ) you walking in the park?  [Were / Was / Did]
— Yes, I ( <u>was</u> ).  [was / were / did]
あなたは公園を歩いていましたか。— はい，歩いていました。

**2** 過去進行形の疑問文に書きかえなさい。

① You were playing the guitar.
→ ( <u>Were</u> ) you ( <u>playing</u> ) the guitar?
あなたはギターをひいていましたか。

② It was raining then.
→ ( <u>Was</u> ) it ( <u>raining</u> ) then?
そのとき雨が降っていましたか。

**3** ( )に適する語を入れなさい。

① A: ( <u>Was</u> ) the girl ( <u>riding</u> ) a bike?
その少女は自転車に乗っていましたか。
B: Yes, she ( <u>was</u> ).  はい，乗っていました。

② A: ( <u>Were</u> ) Jack and Bill ( <u>watching</u> ) TV?
ジャックとビルはテレビを見ていましたか。
B: No, they ( <u>weren't</u> ).  いいえ，見ていませんでした。

③ A: ( <u>What</u> ) ( <u>was</u> ) he ( <u>doing</u> ) at that time?
彼はそのとき何をしていましたか。
B: He ( <u>was</u> ) ( <u>running</u> ) in the park.
彼は公園を走っていました。

# 42 There is 〜.

「…に〜がいます」「…に〜があります」と言うときの文です。

☑ **1 | There is 〜.**

## There is a cat under the chair.

いすの下にネコが（1匹）います。

◎ **単数**のものについて「〜がいます」「〜があります」と言うときは、〈There is ＋単数名詞 ….〉の形で表す。

◎「〜がいました」「〜がありました」と**過去**のことを言うときは、〈There was ＋単数名詞 ….〉の形。

◎ あとには、場所を表す語句が続くことが多い。

---

**場所を表す語句**

in the box / on the desk / by the door
└「箱の中に」┘ └「机の上に」┘ └「ドアのそばに」┘
near the river / around here / over there
└「川の近くに」┘ └「このあたりに」┘ └「向こうに」┘

**ミス注意** my 〜など特定のものが「いる、ある」と言うときは、〈主語＋be動詞 〜.〉の形。
Your bag is on the chair.  あなたのバッグはいすの上にあります。

☑ **2 | There are 〜.**

## There are some bikes over there.

向こうに数台の自転車があります。

◎ **複数**のものについて「〜がいます」「〜があります」と言うときは、〈There are ＋複数名詞 ….〉の形で表す。
└主語┘

◎ 過去の文なら、〈There were ＋複数名詞 ….〉の形。

**1** ( )に適する語を[ ]から選びなさい。

① ( **There** ) is a racket in the bag. [ This / There ]
バッグの中にラケットが1本あります。

② There ( **are** ) many shops around here. [ is / are ]
このあたりには店がたくさんあります。　❗主語は many shops で複数。

③ There ( **was** ) a boy under the tree. [ is / was ]
木の下に男の子が1人いました。　❗過去の文。

**2** [ ]の指示にしたがって書きかえなさい。

① There is a girl in the park. 〔下線の語を some に変えて〕
→ There ( **are** ) some ( **girls** ) in the park.

② Japan has four seasons. 〔ほぼ同じ内容を表す文に〕
→ ( **There** ) ( **are** ) four seasons ( **in** ) Japan.
❗「日本には四季がある」という意味。

**3** ( )に適する語を入れなさい。

① ( **There** ) is a ball ( **there** ). そこにボールが1個あります。

② ( **His** ) ( **ball** ) ( **is** ) on the box.
彼のボールは箱の上にあります。　❗「彼の」と特定のものが主語になっている。
　　　　　　　　　　　　　　　　　His balls are としてもよい。

③ ( **There** ) ( **was** ) a concert at the stadium last night.
昨夜, スタジアムでコンサートがありました。

④ There ( **are** ) a lot of dolls ( **over** ) there.
向こうにたくさんの人形があります。

⑤ There ( **were** ) three ( **pictures** ) ( **on** ) the wall.
かべには3枚の絵がかかっていました。

⑥ ( **There** ) ( **is** ) a zoo ( **in** ) my town.
私の町には動物園があります。

# 43 There is 〜. の疑問文 / 否定文

「…に〜がいますか」や,「…に〜はいません」と言うときの文です。

## ☑ 1 | There is 〜. の疑問文

**Is there a CD on the desk?**　机の上に CD
があります か。

**— Yes, there is.**　はい,あります。

**— No, there isn't.**　いいえ,ありません。

◎ There is〔are〕〜. の疑問文は,is〔are〕を there の**前**におき,
〈Is〔Are〕there＋主語 〜?〉の形。
└「…に〜がいますか / ありますか」

◎ 過去の文なら,**Was〔Were〕**there 〜? となる。

◎ 答え方… { 「はい」 → Yes, there is〔are〕.
　　　　　　 「いいえ」 → No, there isn't〔aren't〕.
└過去なら Yes, there was〔were〕. └過去なら No, there wasn't〔weren't〕.

**参考**　「数」をたずねるときは,〈How many + 複数名詞 + are there …?〉の形。
How many girls are there in your class?—There are fifteen.
あなたのクラスに女の子は何人いますか。　15人います。

## ☑ 2 | There is 〜. の否定文

**There aren't any computers in the room.**

部屋にはコンピューターは1台もありません。

◎ There is〔are〕〜. の否定文は,is〔are〕のあとに not をおいて,
**There is〔are〕not 〜.** の形。
└「…に〜はいません〔ありません〕」

**くわしく**　〈There is〔are〕no + 名詞 〜.〉の形で表すこともできる。

◎ 過去の文なら,There **was〔were〕**not 〜. となる。

**1** ( )に適する語句を[ ]から選びなさい。

① ( <u>Are</u> ) there any cups in the box? [ Are / Is ]
箱の中にカップがいくつか入っていますか。

② ( <u>Was</u> ) there an old house there? [ Was / Is ]
そこに古い家がありましたか。

— Yes, ( <u>there</u> ) ( <u>was</u> ). [ it was / there was ]
はい，ありました。

③ There ( <u>isn't</u> ) a chair there. [ no / aren't / isn't ]
そこにはいすはありません。

**2** [ ]の指示にしたがって書きかえなさい。

① There were some cards in the bag. 〔疑問文に〕

→ ( <u>Were</u> ) ( <u>there</u> ) any cards in the bag?

② There are some dishes on the table. 〔否定文に〕

→ There ( <u>are</u> ) ( <u>not</u> ) ( <u>any</u> ) dishes on the table.

**3** ( )に適する語を入れなさい。

① A: ( <u>Is</u> ) there a hospital ( <u>near</u> ) your house?
あなたの家の近くに病院はありますか。

B: No, ( <u>there</u> ) ( <u>isn't</u> ). いいえ，ありません。

② A: ( <u>How</u> ) many ( <u>books</u> ) ( <u>are</u> ) ( <u>there</u> ) in the library?
図書館には本が何冊ありますか。

B: ( <u>There</u> ) ( <u>are</u> ) sixty thousand. 6万冊あります。

③ ( <u>There</u> ) ( <u>weren't</u> ) any children in the park.
公園には子どもは1人もいませんでした。 └ child(子ども)の複数形。

④ There ( <u>are</u> ) no cars here. ここには車は1台もありません。
🌀 no 〜が続いていることに注意。動詞は否定の形にしない。

# 44 be going to の文 / 否定文

「〜するつもりです」「〜するつもりはありません」など, 未来のことを表す文です。

## ☑ 1 | be going to の文

# I am going to watch TV tonight.

私は今夜, テレビを見るつもりです。

◎ 未来のことは, be going to を動詞の前において表す。

| 現在 | He ☐ plays tennis. | 彼はテニスをします。 |

動詞の前に↓ ↓動詞は原形にする。

| 未来 | He is going to play tennis. | 彼はテニスをするつもりです。 |

**ミス注意** be going to の be は, 主語によって am, are, is を使い分ける。また, be going to のあとの動詞は必ず原形にする。

◎「〜するつもりです」などと, あらかじめ決めていた予定を言うときは, 〈be going to ＋動詞の原形〉の形。

| 未来を表す語句 | tomorrow(あす) / next 〜(次の〜) |

## ☑ 2 | be going to の否定文

# I am not going to study tomorrow.

私はあすは勉強するつもりはありません。

◎ be going to 〜の否定文は, be動詞のあとに not をおく。

◎「〜するつもりはありません」は, 〈be動詞＋ not ＋ going to ＋動詞の原形〉の形。

## ✏️ テストの例題チェック

テストでは be動詞を主語に合わせて使い分け、be going to の文が作れるようにする。

**1** ( )に適する語を下の[ ]から選びなさい。

① I'm ( going ) to visit Tokyo next month.
[go / going / went]　　私は来月，東京を訪問するつもりです。

② Taku is going to ( go ) to the library tomorrow.
[go / goes / went]　　タクはあす，図書館に行くつもりです。

③ They ( aren't ) going to play soccer after school.
[don't / isn't / aren't]　彼らは放課後サッカーをするつもりはありません。

**2** [ ]の指示にしたがって書きかえなさい。

① Maki cleans her room.　　　　〔未来を表す文に〕
→ Maki is ( going ) ( to ) ( clean ) her room.

② We're going to go out today. 〔否定文に〕
→ We ( aren't ) ( going ) ( to ) go out today.

**3** ( )に適する語を入れなさい。

① I'm ( going ) ( to ) buy some books tomorrow.
私はあす，本を何冊か買うつもりです。

② It ( is ) ( going ) to rain.　　　❶ be going to は現在の状況から未来
雨が降りそうです。　　　　　　　　のことを予測するときにも使われる。

③ He's ( going ) ( to ) go to bed early tonight.
彼は今夜，早く寝るつもりです。

④ We ( are ) ( going ) to have a party next Saturday.
私たちは次の土曜日にパーティーを開く予定です。

⑤ I'm ( not ) ( going ) to ( cook ) lunch today.
私は今日は昼食を料理するつもりはありません。　❶ cook は make としてもよい。

15章

109

# 45 be going to の疑問文

「〜するつもりですか」と，未来のことをたずねる文です。

## ☑ 1 | be going to の疑問文と答え方

## Are you going to watch TV tonight?

あなたは今夜，テレビを見るつもりですか。

## — Yes, I am. はい，見るつもりです。
## — No, I am not. いいえ，見るつもりはありません。

◎ be going to 〜の疑問文は，**be 動詞を主語の前**に出す。

◎「〜するつもりですか」などと，未来の予定をたずねるときは，
〈be 動詞＋主語＋ going to ＋動詞の原形 〜?〉の形。

◎ 答え方は，ふつうの be 動詞の文の場合と同じ。

## ☑ 2 | 疑問詞で始まる疑問文

## What are you going to do tomorrow?

あなたはあす，何をするつもりですか。

## — I am going to go shopping.

私は買い物に行くつもりです。

◎ what などの疑問詞は文の最初におき，〈疑問詞＋ be 動詞＋主
語＋ going to ＋動詞の原形 〜?〉の形。

◎ 答えるときは，〈be going to ＋動詞の原形〉を使う。

## ✏️ テストの例題チェック

テストでは be going to を使った未来の予定などをたずねる文や答える文が作れるようにする。

**1** ( )に適する語を下の[ ]から選びなさい。

① ( Are ) you going to visit Kyoto next week?
　[Do / Are / Did]　　　　あなたは来週，京都を訪れるつもりですか。

② Is she ( going ) to play the guitar?
　[go / goes / going]　　　彼女はギターをひくつもりですか。

③ Where is he going to ( go ) this afternoon?
　[go / goes / going]　　　彼は今日の午後，どこに行くつもりですか。

**2** [ ]の指示にしたがって書きかえなさい。

① Lucy is going to study Japanese.　〔疑問文に〕
　→ ( Is ) Lucy going to ( study ) Japanese?

② They're going to play soccer.　〔下線部をたずねる疑問文に〕
　→ What ( are ) they ( going ) ( to ) do?

**3** ( )に適する語を入れなさい。

① A: ( Is ) Jack ( going ) to read the book?
　　ジャックはその本を読むつもりですか。
　B: Yes, he ( is ).　　　　はい，読むつもりです。

② A: ( Are ) you ( going ) to help them?
　　あなたたちは彼らを手伝うつもりですか。
　B: No, we ( aren't ).　　いいえ，手伝うつもりはありません。

③ A: ( How ) long ( are ) you going to stay in Japan?
　　あなたはどのくらい日本に滞在するつもりですか。
　B: I'm ( going ) ( to ) stay for two weeks.
　　私は2週間滞在するつもりです。　　❗ 答える文でも be going to を使う。

15章

# 46 will の文

will を使って、「〜するでしょう」などのように未来のことを表す文です。

## ☑ 1 | will の文

# I will call her this afternoon.

私は今日の午後，彼女に電話します。

◎ 未来のことは，be going to のほかに，will を使っても表せる。

◎ will は**動詞の前**におき，動詞は必ず**原形**を使う。

**ミス注意** will は助動詞の1つで，主語が何であっても形は変わらない。

◎ 「〜でしょう」という未来のことや「〜します」とその場で決めたことを言うときは，〈will ＋動詞の原形〉の形。

**くわしく** will の文は，「〜するだろう」「〜します」「〜するつもりです」などの意味を表す。

◎ 〈代名詞＋ will〉は，〜'll の形で表される短縮形がよく使われる。

I will → I'll / you will → you'll / he'll / she'll / it'll / we'll / they will → they'll

## ☑ 2 | will be 〜の文

# I will be busy next month.

私は来月，忙しいでしょう。

◎ 「〜になるでしょう」「〜にいるでしょう」は，will be 〜の形。be は be 動詞の原形。

例）It will be sunny tomorrow.　　あすは晴れるでしょう。

　　He'll be in Hawaii next week.　彼は来週，ハワイにいるでしょう。

## ✍ テストの例題チェック

**1** ( )に適する語を下の[ ]から選びなさい。

① I ( **will** ) play tennis next Sunday.

[am / going / will]　　私は次の日曜日，テニスをします。

② I'm ( **going** ) to go shopping tomorrow.

　　　　　　　　　　　❶ 空所の前にI'm があるので will は使えない。

[go / going / will]　　私はあす，買い物に行くつもりです。

③ He will ( **be** ) thirteen next week.　❶ will のあとは動詞の原形。be 動詞の場合は be。

[be / is / are]　　彼は来週，13歳になります。

**2** [ ]の指示にしたがって書きかえなさい。

① I'm going to clean my room this afternoon.　〔will の文に〕

→ I ( **will** ) ( **clean** ) my room this afternoon.

② He plays soccer after school.　〔will を使った未来の文に〕

→ He ( **will** ) ( **play** ) soccer after school.

③ It's rainy.　〔tomorrow を加えて，will を使った未来の文に〕

→ It ( **will** ) ( **be** ) rainy tomorrow.

**3** ( )に適する語を入れなさい。

① I ( **will** ) ( **do** ) my homework after dinner.
私は夕食後に宿題をします。

② ( **They'll** ) ( **visit** ) their grandparents.
彼らは彼らの祖父母を訪ねるでしょう。

③ ( **She'll** ) ( **be** ) in New York next summer.
彼女は次の夏にはニューヨークにいるでしょう。　❶ 「〜にいる」は be 動詞を使って表す。

④ You have a lot of work.　( **I'll** ) ( **help** ) you.
あなたには仕事がたくさんあります。私があなたを手伝いましょう。

# 47 will の疑問文 / 否定文

「〜するでしょうか」「〜しないでしょう」など, will の疑問文と否定文です。

## ☑ 1 | will の疑問文と答え方

## Will he buy the racket tomorrow?

彼はあす, そのラケットを買うでしょうか。

## — Yes, he will.   はい, 買うでしょう。
## — No, he will not.   いいえ, 買わないでしょう。

◎will の疑問文は, will を主語の前におく。

◎「〜するでしょうか」「〜するつもりですか」は, 〈Will ＋主語 ＋動詞の原形 〜?〉の形。

◎答え方 「はい」→ Yes, 〜 will.

「いいえ」→ No, 〜 will not〔won't〕.

**くわしく** 疑問詞は文の最初におき, 〈疑問詞＋will＋主語＋動詞の原形 〜?〉の形。
例）Where will they go?   彼らはどこに行きますか。

## ☑ 2 | will の否定文

## She will not play tennis tomorrow.

彼女はあす, テニスをしないでしょう。

◎「〜しないでしょう」「〜しないつもりです」は, 〈will not ＋ 動詞の原形〉の形。

◎will not の短縮形は won't〔ウォウント〕。

例）She won't come here tomorrow.

彼女はあす, ここに来ないでしょう。

## ■ ( )に適する語を下の[ ]から選びなさい。

① ( Will ) you be busy tomorrow?
[Are / Do / Will]　　あなたはあす，忙しいですか。

② She ( will ) not play basketball.
[is / does / will]　　彼女はバスケットボールをしないでしょう。

③ ( Is ) he going to make dinner tonight?
[Is / Does / Will]　　彼は今夜，夕食を作るつもりですか。

## ■ [ ]の指示にしたがって書きかえなさい。

① They'll stay for two weeks.　〔疑問文に〕　❶ They'll = They will
→ ( Will ) they ( stay ) for two weeks?

② She'll be late again.　〔否定文に〕　❶ She'll = She will
→ She ( won't ) ( be ) late again.

## ■ ( )に適する語を入れなさい。

① A: ( Will ) Ann ( get ) to the zoo soon?
アンはまもなく動物園に着くでしょうか。
B: Yes, she ( will ).　　はい，着くでしょう。

② A: ( Will ) he ( do ) his homework tonight?
彼は今夜，宿題をするでしょうか。
B: No, he ( won't ).　　いいえ，しないでしょう。

③ A: How ( will ) the weather ( be ) tomorrow?
あすの天気はどうなるでしょうか。
B: It ( will ) ( be ) sunny.　晴れるでしょう。

# テスト直前 最終チェック！ ▶▶

## ☑ 過去進行形の文

❶「～していました」➡〈 was[were] +動詞の ing 形〉の形。

I was having lunch. 私は昼食を食べていました。

❷ 否定文 ➡〈主語+ was[were] + not +動詞の ing 形 ～.〉の形。

I was not watching TV. 私はテレビを見ていませんでした。

❸ 疑問文 ➡ was, were を主語の前におく。

➡ 答えるときも， was, were を使う。

Were you cooking then? あなたはそのとき料理していましたか。

「はい」→ Yes, I was. /「いいえ」→ No, I was not.

## ☑ There is ～. の文

❶「…に～がいる[ある]」➡〈 There is[are] ～+場所を表す語句 .〉の形。

There is a book on the desk. 机の上に本が 1 冊あります。

❷「…に～がいた[あった]」

➡〈 There was[were] ～+場所を表す語句 .〉の形。

❸ 否定文 ➡ be 動詞のあとに not をおく。

❹ 疑問文 ➡ be 動詞で文をはじめる。

Is there a station near here? この近くに駅はありますか。

「はい」→ Yes, there is /「いいえ」→ No, there isn't.

# 過去進行形・There is 〜.・未来の文

## ☑ be going to の文

❶「〜する予定（つもり）です」

　➡ 〈be 動詞＋ going to ＋動詞の原形〉の形。

　I am going to play tennis.　私はテニスをする予定です。

❷ 否定文 ➡ be 動詞のあとに not をおく。

　We aren't going to go out.　私たちは外出する予定はありません。

❸ 疑問文 ➡ be 動詞を主語の前におく。

　Is she going to stay home?　彼女は家にいるつもりですか。

　「はい」→ Yes, she is. / 「いいえ」→ No, she isn't.

## ☑ will の文

❶「〜します」「〜するでしょう」➡ 〈will ＋動詞の原形〉の形。

　I will have coffee.　私はコーヒーを飲みます。

❷ 否定文 ➡ will のあとに not をおく。

　It will not rain today.　今日は雨が降らないでしょう。

❸ 疑問文 ➡ will を主語の前におく。

　Will they come here?　彼らはここに来るでしょうか。

　「はい」→ Yes, they will. / 「いいえ」→ No, they won't.

15章

# 48 あいさつ / 紹介 / 話しかける

テストによく出る会話表現をおさえましょう。

## あいさつ

A: **How are you?** お元気ですか。

B: **Fine, thank you.** 元気です，ありがとう。

**And you?** あなたは？

A: **Fine, thank you.** 元気です，ありがとう。

☑A: Good ( **morning** ), Mr. Smith.

おはようございます，スミス先生。

B: Good morning, Yuki. おはよう，ユキ。

❖ **くわしく** 午後のあいさつには Good afternoon. を使い，夕方から夜のあいさつには Good evening. を使う。

☑A: ( **Hello** ), Ms. Green. こんにちは，グリーン先生。

B: Hi, Taro. こんにちは，タロウ。

❖ **くわしく** Hello.は1日中使えるあいさつ。Hi.はくだけた言い方。

☑A: ( **Goodbye** ), Judy. さようなら，ジュディー。

B: Bye, Kumi. さようなら，クミ。
└「さようなら」。Goodbye. よりくだけた言い方。

☑A: How are you? お元気ですか。

B: I'm fine, thank you. 元気です，ありがとう。

And you? あなたは？

A: I'm fine, ( **too** ). 私も元気です。

Thank you. ありがとう。

## 紹介と初対面のあいさつ

A: **Nice to meet you.** はじめまして。

B: **Nice to meet you, too.**

こちらこそはじめまして。

☑ Ken: Tom, ( this ) is my friend Jun.

トム，こちらはぼくの友だちのジュンです。

Tom: Hi, Jun. ( Nice ) to ( meet ) you.

こんにちは，ジュン。はじめまして。

Jun: Hi, Tom. ( Nice ) to ( meet ) you, ( too ).

こんにちは，トム。こちらこそはじめまして。

**くわしく** 人を紹介するときは This is ～.（こちらは～です）を使う。Nice to meet you. は初対面の人に対するあいさつ。

## 話しかける

A: **Excuse me.** すみません。

**Are you Andy?** あなたはアンディーですか。

B: **Yes, I am.** はい，そうです。

☑ A: Excuse me. すみません。

B: ( Yes )? はい？

A: Are you Mike? あなたはマイクですか。

B: No, I'm not. いいえ，ちがいます。

A: Oh, ( sorry ). あ，ごめんなさい。

**くわしく** 人に話しかけるときには Excuse me. と言う。Excuse me.と話しかけられたら，Yes?と言えばよい。あやまるときは Sorry.と言う。

# 49 電話 / 買い物

テストによく出る会話表現をおさえましょう。

## 電話

A: **Hello. This is Ken.**　　もしもし。ケンです。

**Can I speak to Tom, please?**

トムをお願いします。

B: **Speaking.**　　ぼくです。

☑ A: Hello?　もしもし。

　B: Hello. ( **This** ) is Mary.　もしもし。こちらはメアリーです。

**くわしく**　電話で自分の名前を言うときは、ふつうThis is 〜. を使う。

☑ A: Can I speak to Jim?　ジムをお願いします。

　B: Sure. ( **Hold** ) on, please.

　　はい。ちょっとお待ちください。

**参考**　「ちょっとお待ちください」はWait a minute. / Just a moment, please.
なども使う。

☑ A: Can I speak to Yumi?　ユミをお願いします。

　B: Sorry, she's not here now.　あいにく、今ここに彼女はいません。

　　( **Can** ) I ( **take** ) a message?
　　└May でもよい。
　　伝言を聞きましょうか。

☑ A: Nice talking to you.　話せてよかったです。

　B: Thank you for ( **calling** ). Bye.

　　お電話ありがとう。じゃあね。

**買い物(1)　注文する**

A: **One cola, please.**　　コーラを1つお願いします。

B: **Large or small?**　　大ですか，小ですか。

A: **Large, please.**　　大をお願いします。

☑ A: Two hamburgers, please.　ハンバーガーを2つお願いします。

　 B: ( For ) here or to ( go )?

　　 こちらでお召し上がりですか，それともお持ち帰りですか。

　 A: For here, please.　ここで食べます。

　 **くわしく**　家へ持ち帰る場合は，To go(, please).と言う。

☑ A: Anything else?　（ご注文は）ほかにありますか。
　　　　　　　　　　　└「そのほかの」
　 B: No, ( that's ) all.　いいえ，それで全部です。

☑ A: ( Here ) you are.　はい，どうぞ。

　 B: Thank you.　ありがとう。

　 **くわしく**　Here you are. は物を手渡すときの決まった言い方。

**買い物(2)　値段をたずねる**

A: **How much is this?**　　これはいくらですか。

B: **It's ten dollars.**　　10ドルです。

☑ A: Do you have a blue bag?　青いバッグはありますか。
　　　　　　　　　　 └「青い」
　 B: Yes, we do. ( How ) ( about ) this one?

　　 はい，ございます。こちらはいかがですか。

　 A: I like it. ( How ) ( much ) is it?

　　 気に入りました。おいくらですか。

# 50 道案内 / お礼を言う など

テストによく出る会話表現をおさえましょう。

## 道案内

A: **Which bus goes to Ginza?**

どのバスが銀座へ行きますか。

B: **Take Bus No. 3.** 3番のバスに乗ってください。

☑ A: Is this the ( right ) train ( for ) Ueno?
    └ correct でもよい。

上野へはこの電車でいいですか。

B: No, take the train ( on ) Track 4.

いいえ，4番線の電車に乗ってください。

**くわしく** 行き先を表して「〜行きの」には for を使う。

☑ A: Does this bus go to City Hall?
    └「市役所」

このバスは市役所へ行きますか。

B: I'm ( sorry ). I don't ( know ).

すみません。わかりません。

☑ A: ( How ) ( long ) does it take?

(時間は)どれくらいかかりますか。

B: About thirty minutes. 約30分です。

**くわしく** 「(時間が)どれくらい」は how long，「かかる」は take を使う。

☑ A: Excuse me. ( Where ) ( is ) the bus stop?
    └「バス停」

すみません。バス停はどこですか。

B: It's near that store. あの店の近くです。
    └「〜の近くに」

〈お礼に応じる〉

A: **Thank you very much.**　どうもありがとう。

B: **You're** <u>welcome</u>.　どういたしまして。

〈あやまる〉

A: **Don't run here.**　ここで走らないで。

B: **Oh, I'm** <u>sorry</u>.　ああ，すみません。

〈聞き返す〉

A: **Is this your ticket?**　これはあなたの切符ですか。

B: <u>Pardon</u>**?**　もう一度言ってください。

☑ A: This is a birthday present for you.

これはあなたへの誕生日プレゼントです。

B: Oh, ( <u>thank</u> ) ( <u>you</u> )!　わあ，ありがとう！

A: ( <u>You're</u> ) welcome.　どういたしまして。
　└ = You are

☑ A: I'm sorry I'm late.　遅れてごめんなさい。

B: That's ( <u>all</u> ) ( <u>right</u> ).　いいんですよ。
　└ = That is

☑ A: Your name, please.　お名前をお願いします。

B: ( <u>Pardon</u> ) me?　もう一度言ってください。

A: What's your name?　あなたのお名前は何ですか。

　**参考**　聞き返すときには，Excuse me?(↗)や Sorry?(↗)などと言ってもよい。

☑ A: He's a famous singer.　彼は有名な歌手なんだ。

B: ( <u>Really</u> )?　ほんとう？

# 51 月 / 季節 / 曜日など

「❶」が付いている語はつづりに注意しましょう。

## 月

| | | | |
|---|---|---|---|
| ☑ January | 1月 | ❶ ☑ February | 2月 |
| ☑ March | 3月 | ☑ April | 4月 |
| ☑ May | 5月 | ☑ June | 6月 |
| ☑ July | 7月 | ❶ ☑ August | 8月 |
| ❶ ☑ September | 9月 | ☑ October | 10月 |
| ❶ ☑ November | 11月 | ☑ December | 12月 |

**ミス注意** 月名は大文字で書き始める。

## 季節

| | | | |
|---|---|---|---|
| ☑ spring | （ 春 ） | ❶ ☑ summer | （ 夏 ） |
| ❶ ☑ fall | （ 秋 ） | ☑ winter | （ 冬 ） |

└ autumn という言い方もある。

## 曜日など

| | | | |
|---|---|---|---|
| ☑ Sunday | 日曜日 | ☑ Monday | 月曜日 |
| ☑ Tuesday | 火曜日 | ❶ ☑ Wednesday | 水曜日 |
| ❶ ☑ Thursday | 木曜日 | ☑ Friday | 金曜日 |
| ☑ Saturday | 土曜日 | | |

**ミス注意** 曜日名も大文字で書き始める。

**時を表す語**

| | | | | | |
|---|---|---|---|---|---|
| ☑ year | 年 | ☑ month | （暦の）月 | ☑ day | 日 |
| ☑ week | 週 | ☑ season | 季節 | | |

## 1 英語は日本語に，日本語は英語にしなさい。

① October　（ 10月 ）　② June　（ 6月 ）

③ May　（ 5月 ）　④ September　（ 9月 ）

⑤ November　（ 11月 ）　⑥ July　（ 7月 ）

⑦ March　（ 3月 ）　⑧ January　（ 1月 ）

⑨ August　（ 8月 ）　⑩ December　（ 12月 ）

⑪ Thursday　（ 木曜日 ）　⑫ Saturday　（ 土曜日 ）

⑬ Friday　（ 金曜日 ）　⑭ Sunday　（ 日曜日 ）

⑮ （ winter ）　冬　⑯ （ summer ）　夏

⑰ （ fall ）　秋　⑱ （ spring ）　春
❗ autumn でもよい。

⑲ （ year ）　年　⑳ （ month ）　（暦の）月

## 2 （　）に適する語を入れなさい。

① It's （ February ) 12 today.　今日は2月12日です。

② Today is （ Wednesday ).　今日は水曜日です。

③ In Japan, school starts in （ April ).
日本では，学校は 4 月に始まります。❗ 「4月に」というときは in を使う。

④ We have an English class on （ Monday(s) ).
月曜日に英語の授業があります。　❗ 「月曜日に」は on を使う。

⑤ A （ week ) has seven （ days ).　1週間は7日あります。

⑥ We have four （ seasons ) in Japan.　日本には四季があります。

⑦ （ Tuesday ) comes after Monday.

火曜日は月曜日のあとに来ます。　❗ come after ～は
「～のあとに来る」の意味。

# 52 数 / 序数

「❶」が付いている語はつづりに注意しましょう。

## 数

| ☑ zero | 0 | ☑ one | 1 | ☑ two | 2 |
|---|---|---|---|---|---|
| ☑ three | 3 | ❶ ☑ four | 4 | ☑ five | 5 |
| ☑ six | 6 | ☑ seven | 7 | ❶ ☑ eight | 8 |
| ☑ nine | 9 | ☑ ten | 10 | | |
| ☑ eleven | 11 | ☑ twelve | 12 | | |
| ❶ ☑ thirteen | 13 | ☑ fourteen | 14 | | |
| ❶ ☑ fifteen | 15 | ☑ sixteen | 16 | | |
| ☑ seventeen | 17 | ☑ eighteen | 18 | | |
| ☑ nineteen | 19 | ☑ twenty | 20 | | |

**ミス注意** 「21」は twenty-one，「22」は twenty-two のように言う。

thirty 30　forty 40　fifty 50　sixty 60　seventy 70
eighty 80　ninety 90　one hundred 100

## 序数

| ❶ ☑ first | 1番め(の) | ❶ ☑ second | 2番め(の) |
|---|---|---|---|
| ❶ ☑ third | 3番め(の) | ☑ fourth | 4番め(の) |
| ❶ ☑ fifth | 5番め(の) | ☑ sixth | 6番め(の) |
| ☑ seventh | 7番め(の) | ☑ eighth | 8番め(の) |
| ❶ ☑ ninth | 9番め(の) | ☑ tenth | 10番め(の) |
| ☑ eleventh | 11番め(の) | ❶ ☑ twelfth | 12番め(の) |

## ✏️ テストの例題チェック

テストでは one → first のように数と序数をセットにして覚えておく。

### 1 ( )に適する数字を入れなさい。

① seventh （ 7 ）番め（の）　② twenty-six （ 26 ）

③ fourteen （ 14 ）　④ fifty-two （ 52 ）

⑤ one hundred （ 100 ）　❗「100」は one(a) hundred と表す。

### 2 序数になおしなさい。

① twelve →( twelfth )　② five →( fifth )

③ two →( second )　④ eight →( eighth )

⑤ four →( fourth )　⑥ one →( first )

⑦ nine →( ninth )　⑧ eleven →( eleventh )

### 3 ( )に適する語を入れなさい。 出る

① We need ( ten ) beds.　私たちにはベッドが10台必要です。

② My sister is ( eighteen ).　私の姉は18歳です。

③ A: What time is it?　(今)何時ですか。
　B: It's ( three ) ( fifteen ).　3時15分です。

④ My phone number is ( zero )-( one )-( five )-( nine ) ....
　私の電話番号は, 0159…です。└oh でもよい。

⑤ Turn left at the ( third ) corner.
　└「曲がる」└「左へ」　└「角」
　3番めの角を左に曲がってください。　❗序数の前にはふつう the をつける。

⑥ A: When is your birthday?
　あなたの誕生日はいつですか。
　B: August the ( sixth ).　8月6日です。
　　　└よく省略される。

⑦ October is the ( tenth ) month of the year.
　10月は1年の10番めの月です。

17章

127

# 53 その他の重要語

「❶」が付いている語はつづりに注意しましょう。

## 家族・人

| | | | | |
|---|---|---|---|---|
| ❶ ☑ father | 父 | ❶ ☑ mother | 母 | |
| ☑ brother | 兄，弟 | ☑ sister | 姉，妹 | |
| ❶ ☑ uncle | おじ | ☑ aunt | おば | |
| ☑ family | 家族 | ☑ friend | 友だち | |
| ☑ teacher | 先生，教師 | ❶ ☑ student | 生徒，学生 | |

## スポーツ

| | | | |
|---|---|---|---|
| ☑ sport | ( スポーツ ) | ☑ team | ( チーム ) |
| ☑ basketball | ( バスケットボール ) | ☑ baseball | ( 野球 ) |
| ❶ ☑ soccer | ( サッカー ) | ☑ tennis | ( テニス ) |

## 教 科

| | | | |
|---|---|---|---|
| ☑ subject | 教科 | ☑ English | 英語 |
| ☑ Japanese | 国語 | ☑ math | 数学 |
| ❶ ☑ science | 理科 | ☑ music | 音楽 |

## 食事・その他

| | | | |
|---|---|---|---|
| ❶ ☑ breakfast | ( 朝食 ) | ☑ lunch | ( 昼食 ) |
| ☑ dinner | ( 夕食 ) | | |
| ☑ house | 家 | ❶ ☑ hospital | 病院 |
| ❶ ☑ train | 電車 | ☑ picture | 絵，写真 |

テストでは 関連のある語はまとめて覚えて，語いを増やすようにする。

## 1 英語は日本語に，日本語は英語にしなさい。

① math （ 数学 ） ② music （ 音楽 ）

③ friend （ 友だち ） ④ English （ 英語 ）

⑤ aunt （ おば ） ⑥ teacher （ 先生 ）

⑦ mother （ 母 ） ⑧ family （ 家族 ）

⑨ ( breakfast ) 朝食 ⑩ ( baseball ) 野球

⑪ ( tennis ) テニス ⑫ ( sport ) スポーツ

⑬ ( picture ) 絵，写真 ⑭ ( soccer ) サッカー

⑮ ( dinner ) 夕食 ⑯ ( uncle ) おじ

## 2 （　）に適する語を入れなさい。

① Let's have ( lunch ) in the ( park ).
公園で昼食を食べましょう。

② I go there by ( bus ), but he goes there by ( train ).
私はそこへバスで行きますが，彼はそこへ電車で行きます。　❶「(乗り物)で」は by を使う。

③ The ( student ) has a nice ( guitar ).
その生徒はすてきなギターを持っています。

④ A: Is that a ( school )?　あれは学校ですか。

　B: No, it's a ( hospital ).　いいえ，病院です。

⑤ A: Who's this ( girl )?　この女の子はだれですか。

　B: It's my ( sister ), and that's my ( brother ).
こちらは私の姉［妹］で，あちらは私の兄［弟］です。

⑥ A: What's your favorite ( subject )?
あなたの大好きな教科は何ですか。　❶ favorite は「大好きな」。

　B: I like ( science ).　私は理科が好きです。

# 54 前置詞

「❶」が付いている語はつづりに注意しましょう。

## 時を表す前置詞

☑ at 6:00　6時に　　　☑ at night　　　夜に
☑ in spring　春に　　　☑ in the evening　夕方に
☑ in May　5月に　　　☑ in 2025　　　2025年に

　　参考　in は季節，月，年，午前・午後などを表す語(句)とともに使う。

☑ on Friday　金曜日に　　☑ on June 20　6月20日に
☑ on Monday morning　月曜日の朝に

　　参考　on は曜日や日付など特定の日を表す語(句)とともに使う。

❶ before lunch　昼食前に　☑ after dinner　夕食後に
☑ from Monday to Friday　月曜日から金曜日まで

## 場所を表す前置詞

☑ at the hotel ホテルで　　☑ in the box　　箱の中に
☑ on the chair いすの上に　☑ under the bed ベッドの下に
☑ by the desk 机のそばに　☑ near the river 川の近くに

## その他の前置詞

☑ by car　　車で　　　☑ about him　　彼について
☑ with Tom トムといっしょに ☑ with long hair 長い髪の
☑ speak in English　英語で話す
☑ a bag like yours　あなたのもののようなバッグ

　　参考　like には動詞(好む)のほかに前置詞(〜のような)の用法もある。

## 1 （　）に適する語を[　]から選びなさい。

① I study ( in ) the morning.　　　[at / in / on]
私は午前中に勉強します。

② Let's meet ( on ) July 7.　　　[at / in / on]
7月7日に会いましょう。　❗ 日付には on を使う。

③ I usually get home ( at ) 4:30.　[at / in / on]
私はふつう，4時30分に帰宅します。

## 2 （　）に適する語を入れなさい。

① Wait ( for ) me ( at ) the station.　駅で私を待っていて。

② My bag is ( on ) the desk.　私のバッグは机の上にあります。

③ I go there ( by ) bus.　　　私はそこへバスで行きます。

④ I take a bath ( before ) dinner.　私は夕食前にふろに入ります。

⑤ He runs ( in ) the park.　　　彼は公園で走ります。

⑥ He's standing ( by ) the door.　彼はドアのそばに立っています。

⑦ Look at that dog ( with ) long ears.
あの耳の長い犬を見てごらん。

⑧ They talked ( about ) sports ( in ) English.
彼らはスポーツについて英語で話しました。　❗ talk about ～で「～について話す」。

⑨ I want a skirt ( like ) yours.
私はあなたのもののようなスカートがほしい。

⑩ She's reading ( under ) the tree.
彼女は木の下で読書しています。

⑪ He works ( from ) nine ( to ) six.　❗ from ～ to …で「～から…まで」。
　　└「働く」
彼は9時から6時まで働きます。

# 55 副詞 / 接続詞

「 ❶ 」が付いている語はつづりに注意しましょう。

## 副詞

❶ ☑ usually　たいてい, ふつうは　　☑ often　しばしば, よく

☑ sometimes　ときどき　　☑ now　今(は)

☑ today　今日(は)　　❶ ☑ yesterday　きのう(は)

☑ very　とても, たいへん　　☑ well　うまく, じょうずに

☑ here　ここに, ここで　　☑ there　そこに, そこで

☑ home　家に, 家で

☑ hard　熱心に　　☑ fast　速く

**参考** over there で「あそこに, 向こうに」。

I have **only** one dollar.　私は1ドルしか持っていません。

I think so, **too**.　私もそう思います。/ Please come **back**.　もどってきて。

## 接続詞

☑ I watched TV **and** did my homework.

私はテレビを見て, そして宿題をしました。

☑ I can drive, **but** I don't have a car.

私は車の運転ができますが, 車は持っていません。

☑ Today is Monday, **so** the store is open.

今日は月曜日なので, その店は開いています。　└「店」

☑ Do you study math **or** science?

あなたは数学を勉強しますか, それとも理科を勉強しますか。

**くわしく** 接続詞は語(句)と語(句), 文と文をつなぐはたらきをする。

## ✏️ テストの例題チェック

**1** （　　）に適する語を[　　]から選びなさい。

① That dog is big ( <u>and</u> ) black.　[and / but / so]
あの犬は大きくて黒い。　❶ and は「〜と…」「そして」。

② For here ( <u>or</u> ) to go?　　　　[so / and / or]
こちらでお召し上がりですか，それともお持ち帰りですか。

③ I like him very ( <u>much</u> ).　　　[too / much / well]
私は彼が大好きです。　❶ very much で「とても」。

**2** （　　）に適する語を入れなさい。

① He plays tennis ( <u>very</u> ) ( <u>well</u> ).　彼はテニスがとてもうまい。

② He's running ( <u>over</u> ) ( <u>there</u> ).　彼は向こうで走っています。

③ I can swim ( <u>fast</u> ).　　　　　私は速く泳げます。

④ I'm studying ( <u>now</u> ).　　　　私は今，勉強しています。

⑤ ( <u>Today</u> ) it is sunny.　　　　今日，晴れています。
❶ today, yesterday など，時を表す副詞は文頭におくこともできる。

⑥ She has ( <u>only</u> ) one bag.　彼女はバッグを1つしか持っていません。

⑦ We ( <u>sometimes</u> ) play tennis.　私たちはときどきテニスをします。

⑧ He is ( <u>often</u> ) late for school.　彼はしばしば学校に遅れます。
❶ ひん度を表す副詞はふつう一般動詞の前，be 動詞のあとにおかれる。

⑨ I'm very busy, ( <u>so</u> ) I can't help you.　❶ very は形容詞の意味を強めるはたらきもする。
私はとても忙しいので，あなたを手伝えません。

⑩ Let's go to Ken's house ( <u>and</u> ) study with him.
ケンの家へ行って，そして彼といっしょに勉強しよう。

⑪ I like apple pie, ( <u>but</u> ) I don't like apples.
私はアップルパイは好きですが，リンゴは好きではありません。

17章

133

# 56 熟 語

「⚠」が付いている語はつづりに注意しましょう。

## 動詞のはたらきをする熟語

listen to **music**     音楽を聞く

look at **the picture**    絵〔写真〕を見る

speak to **her**    彼女に話しかける／彼女と話す

help me with **my homework**    私の宿題を手伝う

☑ ( get ) up   起きる      ☑ ( go ) to ( bed )   寝る

☑ ( stand ) up   立ち上がる     ☑ ( sit ) down   すわる

☑ ( come ) back   もどってくる     ⚠ **ミス注意** 「〜にもどってくる」は come back to 〜。

☑ ( come ) ( to ) school   学校に来る

☑ ( take ) a picture   写真をとる

☑ ( have ) a good ( time )   楽しい時を過ごす

## 数・時・場所などを表す熟語

have **a lot of** friends    友人がたくさんいる

study **every day**    毎日勉強する

play tennis **after school**    放課後テニスをする

go **over there**    向こうに行く

❶ ☑ ( in ) the ( morning )　　朝に，午前中に

> 🔷 **参考**　on Friday morning(金曜日の朝に)のように，「(特定の日の)朝に」と
> いうときには on を使う。

❶ ☑ in the ( afternoon )　　午後に

> 🔷 **参考**　「夕方に」は in the evening，「夜に」はat night。

☑ go to school ( by ) ( bike )　　自転車で学校へ行く

> 🔷 **参考**　「バスで」なら by bus，「歩いて〜へ行く」は walk to 〜。

☑ like dogs ( very ) ( much )　　犬が大好きだ

☑ watch soccer ( on ) ( TV )　　テレビでサッカーを見る

☑ studied ( last ) ( night )　　昨夜勉強した

❶ ☑ ( Of ) ( course ) I can swim.　もちろん私は泳げます。

---

## いろいろな会話表現

| | |
|---|---|
| **That's right.** | そのとおりです。<br>→相手の言ったことに賛成・同意するとき。 |
| **All right.** | いいですよ。／わかりました。<br>→同意を表す返事。 |
| **Excuse me.** | 失礼ですが。／すみません。<br>→人に話しかけるときや軽くあやまるとき。 |
| **You're welcome.** | どういたしまして。<br>→ Thank you. に対する決まった応じ方。 |
| **Welcome to Japan.** | ようこそ日本へ。<br>→人を歓迎するとき。 |
| **Here you are.** | はい，どうぞ。<br>→物を手渡すとき。 |
| **I see.** | なるほど。／わかりました。<br>→あいづちを打つとき。 |
| **See you.** | またね。<br>→別れるとき。 |

## 動詞と文の形
# 1年生のまとめ

いろいろな動詞の形とその用法をまとめて確認しよう。be 動詞を使う文と一般動詞を使う文の疑問文・否定文の形と作り方のちがいをチェック!

## be 動詞を使う文

☑ I <u>am</u> a student.　　　　　私は学生です。　　　　　　　p.12

☑ You <u>are</u> Mari.　　　　　あなたはマリです。　　　　　p.12

☑ He <u>is</u> my classmate.　　彼は私のクラスメートです。　p.22

☑ I <u>was</u> in Chiba then.　　私はそのとき千葉にいました。p.94

☑ We <u>were</u> busy yesterday.　私たちはきのう忙しかった。　p.94

## 一般動詞を使う文

☑ I <u>like</u> baseball.　　　　私は野球が好きです。　　　　p.30

☑ He <u>speaks</u> English.　　　彼は英語を話します。　　　　p.48

☑ She <u>studied</u> last night.　彼女は昨夜，勉強しました。　p.88

☑ I <u>went</u> there yesterday.　私はきのう，そこに行きました。p.90

## 原形を使う文 … 命令文 / can / be going to / will の文

☑ <u>Look</u> at this.　　　　　　これを見なさい。　　　　　　p.44

☑ <u>Be</u> careful.　　　　　　　注意しなさい。　　　　　　　p.44

☑ I can <u>dance</u> well.　　　　私はじょうずに踊れます。　　p.74

☑ I'm going to <u>buy</u> the book.　私はその本を買うつもりです。p.108

☑ She'll <u>stay</u> home.　　　　彼女は家にいるでしょう。　　p.112

## ing 形を使う文 …現在進行形・過去進行形の文

☑ I **am reading** a book.　　私は本を読んでいます。　p.80

☑ He **was studying** English.　彼は英語を勉強していました。p.100

## 疑問文

### ❶ 語順を入れかえるもの … be 動詞の文 / 進行形の文 / can / be going to / will の文

☑ **Are** you from China?　　あなたは中国出身ですか。　p.14

　　Yes, I am. / No, I'm not.　―はい。／いいえ。

☑ **Were** you tired then?　　あなたはそのとき疲れていましたか。p.96

　― Yes, I was. / No, I wasn't.　―はい。／いいえ。

☑ **Is** she **studying**?　　彼女は勉強していますか。　p.82

　― Yes, she is. / No, she isn't.　―はい。／いいえ。

☑ **Were** you **swimming**?　　あなたは泳いでいましたか。　p.102

　― Yes, I was. / No, I wasn't.　―はい。／いいえ。

☑ **Can** he **run** fast?　　彼は速く走れますか。　p.76

　― Yes, he can. / No, he can't.　―はい。／いいえ。

☑ **Are** you going to **visit** him?　あなたは彼を訪ねる予定ですか。p.110

　― Yes, I am. / No, I'm not.　―はい。／いいえ。

☑ **Will** you **be** home tomorrow?　あなたはあす家にいるつもりですか。p.114

　― Yes, I will. / No, I won't.　―はい。／いいえ。

### ❷ 疑問詞がつく場合 … be 動詞の文 / 進行形の文 / can / be going to / will の文

☑ **What is** this?　　これは何ですか。　p.20

— It is an apple.　　　　　　　　　　—（それは）リンゴです。

☑ **Where was** Ann then?　　　　　アンはそのときどこにいましたか。 p.58, 96

　— She was in the library.　　　　—彼女は図書館にいました。

☑ **What are** you doing?　　　　　あなたは何をしていますか。　　p.84

　— I'm listening to music.　　　　—音楽を聞いています。

☑ **What was** he making?　　　　彼は何を作っていましたか。　p.102

　— He was making sandwiches.　—彼はサンドイッチを作っていました。

☑ **When can** you come?　　　　あなたはいつ来られますか。p.60, 76

　— I can come at two.　　　　　—私は 2 時に来られます。

☑ **When is** he going to **go** out?　彼はいつ出かける予定ですか。p.60, 110

　— He's going to go out at one.　—彼は 1 時に出かける予定です。

☑ **Where will** they **go**?　　　　彼らはどこに行くでしょうか。p.58, 114

　— They will go to the park.　　—彼らは公園に行くでしょう。

## ❸ Do, Does, Did を主語の前におくもの … 一般動詞の文

☑ **Do** you **use** this pen?　　　あなたはこのペンを使いますか。p.32

　— Yes, I do.　　　　　　　　—はい，使います。

　— No, I don't.　　　　　　　—いいえ，使いません。

☑ **Does** she **know** Tom?　　　彼女はトムを知っていますか。　p.50

　— Yes, she does.　　　　　　—はい，知っています。

　— No, she doesn't.　　　　　—いいえ，知りません。

☑ **Did** you **enjoy** your trip?　あなたは旅行を楽しみましたか。p.92

　— Yes, I did.　　　　　　　　—はい，楽しみました。

　— No, I didn't.　　　　　　　—いいえ，楽しみませんでした。

### ❹ 疑問詞がつく場合 … 一般動詞の文

☑ <u>What do</u> you <u>want</u>? あなたは何がほしいですか。 p.34

— I want some eggs. —卵をいくつかほしいです。

☑ <u>Where does</u> she <u>live</u>? 彼女はどこに住んでいますか。 p.50

— She lives in this town. —彼女はこの町に住んでいます。

☑ <u>When did</u> he <u>come</u> here? 彼はいつここに来ましたか。 p.92

— He came here an hour ago. —彼は 1 時間前にここに来ました。


## 否定文

### ❶ not を加えるもの … be 動詞の文 / 進行形の文 / can / be going to / will の文

☑ I <u>am not</u> a teacher. 私は教師ではありません。 p.14

☑ He <u>was not</u> hungry. 彼は空腹ではありませんでした。 p.96

☑ He <u>isn't running</u>. 彼は走っていません。 p.82

☑ They <u>weren't studying</u>. 彼らは勉強していませんでした。 p.100

☑ She <u>can't play</u> soccer. 彼女はサッカーができません。 p.74

☑ It <u>is not</u> going to <u>rain</u>. 雨は降らないでしょう。 p.108

☑ I <u>won't come</u> here tomorrow. 私はあすここに来ません。 p.114


### ❷ don't, doesn't, didn't を動詞の前におくもの … 一般動詞の文

☑ I <u>don't have</u> any dogs. 私は犬を 1 匹も飼っていません。 p.34

☑ He <u>doesn't like</u> cats. 彼はネコが好きではありません。 p.50

☑ We <u>didn't visit</u> Ken. 私たちはケンを訪ねませんでした。 p.92

定期テスト 出るナビ　中1英語　改訂版

| | |
|---|---|
| 本文デザイン | シン デザイン |
| 編集協力 | 上保匡代, 小縣宏行, 甲野藤文宏, 佐藤美穂, 敦賀亜希子, 宮崎史子, 脇田聡 |
| 英文校閲 | Edwin L. Carty, Joseph Tabolt |
| DTP | 株式会社 明昌堂　データ管理コード:21-1772-3498(CC21) |